Heinz Risse FISCALIA CURIOSA

Heinz Risse

FISCALIA CURIOSA

Zur Problematik steuerlicher Gerechtigkeit

Mit 9 Zeichnungen von Janosch

MERLIN

Vorwort

Die Erhebung von Steuern beruht auf einem zur Pflicht gewandelten Recht der Gesellschaft, mit dem der Eremit, der Einsame also, nichts anfangen könnte – von wem und mit welcher Begründung dürfte er die Zahlung von Steuern verlangen? Auf diese Fragen gäbe es für ihn keine Antwort; daß der Beweggrund zur Steuererhebung für die Gesellschaft – und zwar schon in deren primitivsten Formen – die einfache und ganz natürliche Regung des Neides sei, wird seitens der Psychologen und Soziologen von Francis Bacon über Oswald Spengler bis Helmut Schoeck mit dem Grad an Wahrscheinlichkeit bewiesen, den erreichen zu können die Wissenschaft des Abendlandes sich für fähig hält.

Der Verfasser der Glossen, die dieses kleine Buch enthält, glaubt den genannten Vertretern der reinen Wissenschaft die von ihnen ermittelte Bedeutung des Neides für die Erfindung der Steuern als eines Instrumentes von Wirtschaftspolitik und Vermögensumverteilung – allerdings mit der gebotenen Einschränkung, daß der Neid seine Funktion als Initiator menschlicher Gefühlswallungen nur in dem beschränkten Umfang ausübt, den ihm tausend andere Regungen, teils sogar solche altruistischer Färbung lassen. Das menschliche Hirn ist von einer solchen Vielseitigkeit, daß niemand sich wird rühmen können, auch nur das simpelste ganz zu begreifen – manche der in den Glossen dargestellten Tatbestände lassen das erkennen. Der Autor beschäftigt sich seit mehr als sechzig Jahren mit Fragen der Steuerpolitik und des Steuerrechts. Diese Zeit hat nicht gereicht, ihn mit dem pagodenhaften Ernst zu erfüllen, der weite, sehr weite Kreise der europäischen Bevölkerung in ihrem Verkehr mit der jeweils zuständigen Steuerbehörde beseelt. Des Autors Haltung den angeblich wichtigen Problemen des täglichen Lebens gegenüber haben vielleicht ein paar Verse beeinflußt, die er in den Jahren von 1915 bis 1918 irgendwo zwischen Flandern und Verdun gehört und nicht vergessen hat:

> Stumpfsinnig hockst du in dem Graben,
> Granate kommt, schlägt dich zu Brei.
> Du stirbst den Heldentod. Ei, Ei,
> was böse Dinge doch für schöne Namen haben.

Worte, Schall und Rauch also, bestimmt, mit Pathos oder Ironie die Zerbrechlichkeit des menschlichen Lebens zu überspielen. Auch eine Form von Weltanschauung.

Ein Trauerspiel

Die deutschen Finanzgerichte pflegen in Abständen von zwei Jahren ihren Geschäftsbericht zu erstatten, in dem sie mitteilen, was sie in den abgelaufenen zwei Jahren getan haben, was sie gern getan hätten und was sie nicht haben tun können. Der Bericht über die Jahre 1983 und 1984 ist kürzlich erschienen. Daß er außerhalb des Kreises der etwa 500 Finanzrichter selbst und ihrer Angehörigen Leser in erwähnenswerter Zahl gefunden hat, bezweifle ich auf Grund des negativen Ergebnisses privater Forschung; viele der von mir Befragten, teils politisch, teils beruflich mit dem Geschehen an Finanzgerichten befaßt, wußten nicht einmal von der Existenz solcher Berichte. Es wird eben, möchte man sagen, zu viel gedruckt. Falls man nicht vorzieht zu sagen, es werde zu wenig gelesen.

Man kann, wenn man nicht nur den Bericht über die Jahre 1983 und 1984, sondern auch die früheren, insbesondere den über die Jahre 1981 und 1982 hinzuzieht, nicht verkennen, daß es den deutschen Staatsbürger offensichtlich verdrießt, Steuerbürger zu sein; der Bericht 1981/82 selbst weist in dem Kapitel IV auf die Nährung der Staatsverdrossenheit in Verbindung mit dem «fundamentalen Eigeninteresse» des Staates in Steuersachen hin.

Der im Jahre 1981 erstattete Bericht enthält die Bemerkung, «daß im Bereich der Finanzgerichtsbarkeit ein angemessener Rechtsschutz nicht mehr gewährleistet und die Situation sowohl für die Rechtsuchenden als auch für die Richter unzumutbar sei.» Damit gehört, wie der Bericht weiter ausführt, der Verfassungsverstoß in vielen Verfahren zur unabwendbaren täglichen Praxis. Die statistischen Zahlen (Niedersachsen, Hessen, Baden-Württemberg und Bayern sind nicht einbezogen) spiegeln die allgemeine Lage und ihre Entwicklung; Ende 1976 belief sich die Zahl der unerledigten Fälle auf rund 36000, Ende 1980 auf rund 73000, Ende 1982 auf rund 88000, Ende 1984 auf rund 91000; die Eingänge (Klagen und Anträge auf Gewährung vorläufigen Rechtsschutzes) beliefen sich 1976 auf rund 31000, 1980 auf rund 49000, 1982 auf rund 62000, 1984 auf rund 56000; die Rückstände überstiegen also regelmäßig die zugehörigen Jahreseingänge. Daß diese Zahlen den Rechtsschutzgläubigen erschrecken sollten, bedarf keiner Begründung, daß die «Alarmrufe der Präsidenten der Finanzgerichte» sozusagen nichts bewirkt haben, ist nicht verwunderlich, denn welcher Steuerpflichtige würde wohl hinreichend leichtfertigen Wagemut besitzen, wegen der Verzögerung der Entscheidung seines Falls das Bundesverfassungsgericht anzurufen? Auch für Rechte, die dem Bürger nach der Verfassung zustehen, gilt der Satz «Ultra posse nemo obligatur», und kaum etwas dürfte schwieriger sein als der Beweis, ein Anderer, Behörde, Gericht oder sonstwer hätte etwas schneller erledigen können, wenn er sich bemüht hätte. Ob der Art. 6 Abs. 1 der Europäischen Menschenrechtskonvention an der Situation des zur Geduld angehaltenen Steuerpflichtigen etwas ändern könnte, steht ebenfalls dahin. Der Bericht 1984 der Finanzgerichte erwähnt die Entscheidung des EGH für Menschenrechte in einem Schweizer Verwaltungsgerichtsverfahren, die eine Verfahrensdauer von dreieinhalb Jahren bis zur letzten Instanz für einen Fall ohne besondere Komplikationen für zu lang erklärt; die Steuerprozesse, die in letzter Instanz vom BFH entschieden wurden, laufen, wie der Bericht sagt, in der Mehrzahl erheblich länger als dreieinhalb Jahre. Nachdem kürzlich ein in Deutschland anhängiger Kriegsverbrecherprozeß nach einer Dauer von etwa 20 Jahren vom EGH als beendet erklärt worden ist, könnten «staatsverdrossene» Steuerzahler durchaus auf den Gedanken kommen, nicht das BVerfG, sondern den EGH in Anspruch zu nehmen, um sich von der Last eines überlangen Steuerprozesses zu befreien. Der von den Autoren des Berichts für 1984 aufgestellten Behauptung, lange dauernde Prozesse seien für viele Steuerpflichtige ein wirtschaftlicher Vorteil, nur in wenigen Fällen eine Belastung, wird kaum ein Berater beipflichten; hier ist vielmehr eine Offenbarung des Berichts für 1984 von Bedeutung: die Kläger sind in 16 828 entschiedenen Fällen ganz oder teilweise, die beklagten Behörden in 10 136 Fällen voll erfolgreich gewesen. Die Zahlen entsprechen einer Relation von 62,41 % zu 37,59 %.

Die Vorschläge der Finanzrichter zur Besserung der unerfreulichen Entwicklung unterscheiden sich nicht von den schon früher vorgetragenen: da die Zahl der von den Finanzgerichten zu entscheidenden Klagen weiter steigt und die Arbeit verkleinernde Änderungen des Verfahrensrechts nicht mehr möglich sind – die letzte ist am 04.07.1985 (BGBl. 1985 I S. 1274) erfolgt – beläßt der

Bericht 1984 es bei der schon früher vorgetragenen Anregung, die unbefriedigende personelle Besetzung der Gerichte zu verbessern. Indessen: es dürfte sehr fraglich sein, ob die überaus traurige Situation der Finanzgerichtsbarkeit durch Stellenvermehrungen überhaupt durchgreifend und grundsätzlich gebessert werden könnte, ob nicht vielmehr das a limine so sachliche Geschäft der Finanzrechtsprechung den Charakter eines Trauerspiels aus Gründen angenommen hat, denen mit Stellenvermehrungen nicht beizukommen ist. Was viele Beamte, Richter und Berater, denen aber niemand zuhört, seit Jahr und Tag behaupten, deuten die Finanzrichter in ihrem Geschäftsbericht für 1984 nur an, obwohl dies der Kern des Problems ist: daß nämlich die Eile, mit der Gesetze herzustellen der Gesetzgeber sich genötigt sieht, zu unvollständigen und unabgestimmten gesetzlichen Vorschriften führen, «die der Richter als Ersatzgesetzgeber erst zu einem anwendungsfähigen Rechtssystem entwickeln muß.»

An dieser Stelle, finde ich, hätten die Finanzrichter sich nicht mit dem Hinweis begnügen dürfen, daß das Versagen des Gesetzgebers die Praxis zwingt, der Grundidee der Gewaltenteilung zuwider zu handeln – das kann doch den nicht stören, der sich Tag für Tag mit Verstößen gegen die Verfassung belastet. Und wäre es nicht sogar unbillig, den Kreis der so Belasteten durch Neueinstellungen zu vergrößern? Nein, der Fehler liegt anderswo, »unvollständige und unabgestimmte gesetzliche Vorschriften» erhöhen die Unsicherheit der Steuerpflichtigen und der Veranlagungsbeamten; daß die Finanzgerichte in 1984 nahezu zwei Dritteln der Kläger Recht gegeben haben, kann man als Beweis des

Wunsches manches Finanzbeamten betrachten, Entscheidungen, die als allzu wohlwollend angesehen werden könnten, dem Richter zu überlassen. Das ist menschlich verständlich bei gesetzlichen Vorschriften, die noch auf ihren Ersatzgesetzgeber warten. Nicht vergessen werden sollte aber in diesem Problemkreis die deutsche Nationalmaxime: «Den lieb' ich, der Unmögliches begehrt». Sie ist die Mutter der Haarspalterei, vollkommen ist für sie nur das Gesetz, das jeden Fall regelt. Wer dann und wann mit Steuerfragen in anderen europäischen Ländern zu tun hat, wundert sich über die Leichtigkeit, mit der dort Fragen nicht nach Buchstaben (die man nicht kennt), sondern nach vernünftiger Billigkeitserwägung entschieden werden, das erklärt auch die geringe personelle Besetzung der dort tätigen Finanzbehörden. Das Trauerspiel, von dem hier gesprochen wird, ist wohl ein spezifisch deutsches, und der Satz, nach dem keine Sache so eilig ist, daß sie nicht durch eingehende Behandlung noch eiliger werden könnte, reflektiert den Spott über die eigene, sorgsam gepflegte deutsche Gemütsverfassung, die nur ungern zugibt, daß 2 x 2 mitunter 3,9 sein muß. Aber: Fehler, die mehr Nutzen bringen als Schaden, soll der Mensch nicht scheuen.

Andre Völker, andre Sitten

Ein Bekannter bat mich, mit dem Steueramt über die Bewertung eines ihm gehörigen Immobils zu sprechen, das in einem kleinen ausländischen Kurort liegt; ich absolvierte dort gerade einen Klinikaufenthalt. Ich rief das Amt an und vereinbarte einen Termin für meinen Besuch; an einem Morgen ging ich hin. Der zuständige Beamte, ein sympathischer Mann in mittleren Jahren, saß, als ich sein Büro betrat, am Schreibtisch, außer ihm befanden sich noch vier Personen im Zimmer: ein Mann im Alter von schätzungsweise sechzig Jahren, der sein Gesicht in einem mächtigen Bart versteckt hielt und, als ich eintrat, im Gespräch mit dem Beamten war. Ein wenig abseits saßen drei Männer, für deren Anwesenheit ich keinen Grund wußte, später merkte ich, daß sie ebenfalls den Wunsch hatten, mit dem Beamten zu sprechen, einstweilen aber die Rolle unbeteiligter Zuhörer spielten.

Ich wollte mich, als ich eingetreten war, mit den Worten: «Ich sehe, Sie sind noch beschäftigt; ich warte draußen», wieder zurückziehen, aber der sympathische Herr wies auf einen noch freien Stuhl und sagte: «Nehmen Sie Platz; es dauert nicht mehr lange.» Alsdann wandte er sich wieder dem Vollbebarteten zu. «Sehen Sie mal, Herr Wieheißterdenn,» meinte er, «Sie hatten Ihr Einkommen im letzten Jahr mit 40 000,– Fr. angegeben, in der gleichen Zeit ist aber Ihr Guthaben bei der Sparkasse um 35 000,– Fr. gewachsen. Für Ihren und Ihrer Familie Lebensunterhalt sind Ihnen also nur 5 000,– Fr. verblieben – da liegt doch sicher ein Irrtum vor.»

Ob der alte Mann etwas erwiderte, weiß ich nicht; vielleicht hat der Bart seine Antwort verschluckt.

«Denken Sie mal nach,» sagte der Beamte. «Haben Sie vielleicht einen größeren Betrag geerbt im letzten Jahr? Das würde die Differenz erklären.» Der Alte schüttelte den Kopf.

«Oder haben Sie etwas verkauft? Ein Grundstück zum Beispiel.» Wieder machte der Mann eine verneinende Geste.

Der Beamte betrachtete ihn wohlwollend. «Sie denken möglicherweise», sagte er, «daß ich meine Fragen aus Mißtrauen stelle. Das wäre nicht richtig, ich kenne Sie doch, ich bin nicht mißtrauisch. Vielmehr nehme ich an, hier liegt ein Mißverständnis vor, Mißverständnisse sind zahlreich unter den Menschen, vor allem, wenn Formulare ins Spiel kommen. Deshalb mache ich Ihnen einen Vorschlag: Sie nehmen die Erklärung Ihres Einkommens vom letzten Jahr wieder mit, zuhause überlegen Sie dann, was ich Ihnen wegen der Zahlen gesagt habe, sprechen Sie auch mit Ihrer Frau; sie wird Ihnen sicher sagen können, ob sie im Haushalt allein nicht doch mehr als 5 000,– Fr. gebraucht hat. Ändern Sie die Zahlen und bringen Sie mir dann das Formular richtig ausgefüllt zurück.» Er erhob sich und gab dem Mann die Hand; der nickte und ging.

Das war doch, dachte ich, ein handfester Versuch von Steuerhinterziehung, allerdings ist er an der mit Milde

gepaarten psychologischen Begabung des Beamten gescheitert; ganz ohne sogenannte Maßnahmen ist der Mann darüber belehrt worden, daß ein Ersparniszuwachs von 35 000,– Fr. aus einem Einkommen von 40 000,– Fr. nicht finanziert worden sein kann, wenn man mit Familie vom Rest ein Jahr lang gelebt hat. Jetzt kennt er die Zauberformel für die Errechnung seines Einkommens: Sparguthabenzuwachs plus Kosten des Lebensunterhalts einer sparsamen Familie ergibt Einkommen. Ich sah die drei Männer an, die außer dem Beamten und mir im Zimmer saßen, sie hatten aufmerksam zugehört; ob einer einen teuren Wagen fährt oder einen billigen, sieht doch auch jeder, warum also sollten Steuern Privatsache sein? Alles natürlich Utopie, Paradies, Vineta, leider verloren für Menschen, die anders zu leben gewohnt sind, aber gerade deshalb reizvoll.

Doppelt gibt, wer schnell gibt

Der alte Satz des Publilius Syrus «Bis dat qui cito dat» stimmt nicht mehr. Wer mit Verzögerung gibt, gibt zwar nicht in jedem Fall doppelt so viel, wie er hat geben wollen, doch wird er sicher sein dürfen, daß er mehr gibt, als er hat geben wollen, vielleicht auch, als er hat. Der Frage, von der gesprochen werden soll, ist die Qualität eines Problems wohl erst durch fleißiges Meditieren zahlreicher Denker zugewachsen; ein Beweis, wie recht Ceasar mit der Beurteilung des Cassius hatte.
Das Finanzgericht Hamburg (EFG 1969, S. 23) hat in der zinslosen Gewährung eines Darlehens eine Zinsschenkung gesehen; das Finanzgericht Münster (EFG 1970, S. 451) ebenfalls. Kapp, Irrgang und Wündisch haben zu der Frage geschrieben. Nunmehr hat auch das Finanzgericht München (EFG 1977 S. 328) sich geäußert; der ihm vorgelegte Fall betrifft einen Sachverhalt, der für Münster nicht akut, für Hamburg nur am Rande von Bedeutung war. Gegen das Urteil von München ist Revision eingelegt worden. Da wird, wie die folgenden Ausführungen ergeben mögen, eine hochinteressante Entscheidung zu erwarten sein. Hochinteressant, weil ... kein Wort weiter, ich bin nicht vermessen genug, dem Bundesfinanzhof vorzugreifen.
Der Sachverhalt: ein Onkel, dem die Familienbande noch nicht auf die Nerven gegangen sind oder ist, gibt

einer Nichte ein Darlehen von 50 000,– DM, zinslos, auf zehn Jahre. Drei Jahre später – sei es, daß ihn plötzlich verstärkter Drang zur Wohltätigkeit überfallen, sei es, daß er im Lotto gewonnen hat – erläßt der Onkel seiner Nichte die Rückzahlung des Darlehens. Aus.
Von welchem Betrage ist die Schenkungssteuer zu berechnen? Alle die arglosen Geister, die von den Volksbefragungs-Institutionen beschworen zu werden pflegen, dürften vermutlich antworten: von 50 000,– DM, denn eben diesen Betrag hat der gute Onkel gegeben und die brave Nichte erhalten. Mitnichten, erwidert der Jupiter tonans staatlicher Finanzgewalt, hier liegen zwei steuerpflichtige Fälle nebeneinander vor: im ersten ist der Onkel um die Zinsen, die er für sein Darlehen während der ersten drei Jahre hätte verlangen können, tatsächlich aber nicht bekommen hat, «entreichert» (man hört Karl Kraus im Grabe rotieren) worden, im zweiten handelt es sich um den Erlaß des Darlehens. Aber, sagen die arglosen Gemüter, der Onkel hätte ja die 50 000,– DM gleich schenken können und nicht zunächst als Darlehen zu geben brauchen. Dann hätte er keinen Zinsverlust gehabt und die Nichte keinen Zinsvorteil. Hätte, erwidert der Fachmann subtiler Denkweisen, hat aber nicht.
Und nun kommt die Berechnung des Wertes der Schenkung aus Zinsvorteil und abgezinstem Restdarlehen; die Summe übersteigt den Betrag von 50 000,– DM um etwa 10 %. Nicht auszudenken, was geschehen wäre, hätte der gute Onkel den Erlaß des Darlehens erst im Zeitpunkt von dessen Fälligkeit ausgesprochen: zehn Jahre Zinsvorteil und keine Abzinsung des Darlehens mehr – so kommt man leicht zu einer Verdoppelung der Summe,

die man schenken wollte, weil man mehr nicht hatte. Zwei Sätze in der Entscheidung des Finanzgerichts Hamburg deuten solche finsteren Möglichkeiten sogar für frühere Erlaßzeitpunkte an:
«Der Schenker und Darlehensgeber hat am 5.12.1965 (Tag des Darlehnserlasses) entweder eine an diesem Tag fällige Schuld oder eine von diesem Tag an zu verzinsende und am 31.12.1972 (ursprünglich festgesetzter Fälligkeitstag des zinslosen Darlehens) fällig werdende Schuld erlassen. In beiden Fällen ist die Schuld mit ihrem Nennwert zu bewerten.»
Wer eine Nichte hat, sei also gewarnt. Will er ihr etwas schenken, so tue er es gleich, nicht auf dem Umweg über ein zinsloses Darlehen. Zwar gibt er auch dann nach dem alten lateinischen Satz doppelt. Aber an dieser Art der Verdoppelung nimmt Leviathan nicht teil.

Guter Rat soll teurer werden

Um die Gesellschaftsteuer nämlich. Als der Gesetzgeber in § 2 Abs. 1 Nr. 4 KVStG die Bestimmung schuf, die besagt, welche freiwilligen Leistungen eines Gesellschafters an eine inländische Kapitalgesellschaft der Gesellschaftsteuer unterliegen, hat er sicherlich die Absicht gehabt, die Steuerfreiheit aller anderen freiwilligen Leistungen zu dekretieren und wohl auch geglaubt, es sei ihm gelungen. Doch die Legislative denkt und die Exekutive lenkt: so wurde denn das Niedersächsische Finanzgericht vor die Aufgabe gestellt, zu entscheiden, ob kapitalverkehrsteuerpflichtige Leistungen gegeben sind, wenn eine Muttergesellschaft die Tochter, ohne dazu verpflichtet zu sein, unentgeltlich laufend in bergmännischen, steuerlichen, juristischen und Buchhaltungsfragen berät. (Urteil vom 22.11.1977 – III 173/75; EFG 1978 S. 143). Das Finanzgericht ist dem Finanzamt, das so verfahren sehen wollte, nicht gefolgt, hat den Willen des Gesetzgebers nicht für zweifelhaft gehalten und nicht nach dem Satz «in dubio pro fisco» geurteilt; es hat aber die Revision «wegen grundsätzlicher Bedeutung» zugelassen.

Beratung der Tochtergesellschaft durch die Mutter als eine freiwillige Leistung, die geeignet ist, den Wert der Gesellschaftsrechte der Tochter zu erhöhen: da wird

guter Rat teuer, und wohin soll das führen? Wie ist der Fall zu beurteilen, in dem ein Vorstandsmitglied der Mutter die Leitung seines Sachgebiets bei der Tochter, ohne von dieser Gehalt zu beziehen, übernimmt? Was gilt, wenn dies geschieht, weil im Augenblick keine für die Tochter geeignete Persönlichkeit gefunden wird, aus der als Übergangssituation gedachten Lage aber gegen den Willen der Beteiligten ein Zustand von relativer Dauer entsteht? Oder wenn die Abteilung, bei der eine solche Situation eintritt, im Rahmen der Mutter sehr bedeutungsvoll, bei der Tochter aber nicht besonders wichtig ist? Wo liegt überhaupt die finanzielle Grenze, an der Beratung als freiwillige Leistung gesellschaftsteuerpflichtig wird? Wird man differenzieren müssen zwischen dem Generaldirektor der Mutter, der dem Geschäftsführer der Tochter einen wirtschaftlich bedeutsamen Rat gibt, dem Justitiar der Mutter, der in einem Rechtsstreit der Tochter einen Schriftsatz redigiert, und einem Buchhalter der Mutter, der Vorschläge zur Gestaltung des Abrechnungsverfahrens der Tochter macht? Dies nur ein paar Beispiele für neue, großartige Möglichkeiten im modernen Silbengefecht.
Das Finanzgericht hält den Rechtsstreit für grundsätzlich bedeutungsvoll. Er ist es, insofern er die Möglichkeit gibt, den Versuch der höchst kunstvollen Ausweitung des Wortlauts eines Gesetzes zu verhindern.

Die nicht zweckentfremdete Aktentasche

Es gibt auf steuerlichem Gebiet Urteile, bei deren Lektüre der Leser das Gefühl tiefer Dankbarkeit empfindet ob der Tatsache, daß durch sie endlich etwas entschieden wird, wozu man offenen Herzens das sagen kann, was mutmaßlich auch die Richter gesagt haben, als ihnen die Klage auf den Tisch kam, nämlich: das hat uns gerade noch gefehlt. Eine solche oder – um Curt Goetz zu zitieren – eine gehörige solche Entscheidung ist die des Finanzgerichts Berlin vom 2.6.1978 – III 126/77 (EFG 1979 S. 225). Die streitige Frage: Sind die Kosten der Aktentasche – im entschiedenen Fall 47,- DM – eines Betriebsprüfers Werbungskosten, die im Jahr der Anschaffung abzusetzen sind, oder hat der Eigentümer der Tasche deren Kosten auf die Dauer der Benutzbarkeit des nicht gerade wertvollen Arbeitsmittels zu verteilen? Der Betriebsprüfer hatte sich wahrscheinlich in Übereinstimmung mit § 9 Abs. 1 Nr. 6 des Einkommensteuergesetzes und mit Abschnitt 30 der Lohnsteuer-Richtlinien gefühlt, als er die Kosten der Tasche im Anschaffungsjahr absetzte. Doch die Verhältnisse waren nicht so, daß das Finanzamt seiner Auslegung des Gesetzes beitreten zu dürfen glaubte, und so mußte dann wohl oder übel das Finanzgericht den Streit zwischen Michael auf der einen und Kohlhaas auf der anderen Seite entscheiden. Es hat sich die Aufgabe nicht leicht gemacht; wer das Urteil mit der Abneigung des deutschen Staatsbürgers gegenüber jeder Art von laisser aller liest, ist erstaunt, was das Finanzgericht hinsichtlich der Tasche ermittelt hat; möglicherweise wird er entdekken, daß er seine eigene Aktentasche nie so genau gekannt hat wie jetzt die des Betriebsprüfers. Denn das Gericht hat die Tasche besichtigt und beschreibt sie. Sie ist schwarz und hat besonders nachgiebige und ausladende Seitentaschen. Zum Einkauf oder zum Aufbewahren von Badesachen ist sie nicht ungeeignet, aber unpraktisch, weil es dafür besondere und besser geeignete Behältnisse gibt. (Diese Begründung scheint mir logisch schwach, denn wenn der Betriebsprüfer die «besonderen und besser geeigneten Behältnisse» nicht besitzt, so muß er die Tasche eben doch ihrem Zweck entfremden und zum Transport seiner Badesachen verwenden.) Aber da ist noch ein Punkt, der an dem sonst so gut durchdachten und sorgfältig gearbeiteten Urteil Bedenken erregt. Das Gericht hat festgestellt, daß der Prüfer in seiner Aktentasche Butterbrote transportiert – allerdings nur auf dem Weg zum Dienst, nicht jedoch auf dem Rückweg, weil er sie nämlich mittags verzehre. Hier wäre noch zu untersuchen gewesen, ob der Betriebsprüfer auch dann Butterbrote transportierte, wenn er nicht im Außendienst tätig war, und weshalb er, wenn er außerhalb des Amtes arbeite, nicht die ihm zustehenden Spesen zur Einnahme der Mittagsmahlzeit in einem Restaurant verwendete, sondern den Verzehr von mit Hilfe der Aktentasche transportierten Butterbroten vorzog. Dabei hätten sich vielleicht doch Anhaltspunkte für die Eingliederung der Tasche in den Bereich der Lebenshaltung ergeben. Das Urteil ist, da nicht revisibel, rechtskräftig, doch wird es als Denkmal echter Ziselierkunst die Untergänge des Abendlandes überdauern.

Was ist ein Nebenberuf?

Die Antwort auf diese Frage ist nicht leicht; ich halte es nicht einmal für sicher, daß sie in einer allgemein befriedigenden Form zu geben ist. Duden meint, der Nebenberuf sei ein Beruf, den jemand neben seinem Hauptberuf ausübe, definiert also eine Unbekannte durch Verweisung auf eine andere Unbekannte. Denn was ist ein Hauptberuf? Ist mit diesem Wort die Tätigkeit gemeint, deren Entlohnung den Lebensunterhalt sichert? Oder aber die, die eine Arbeitskraft voll in Anspruch nimmt, ohne ihr auch nur das Existenzminimum zu sichern? Denken Sie an Van Gogh, dessen Bilder zu seinen Lebzeiten niemand kaufen, an Franz Schubert, dessen Kompositionen niemand hören wollte, solange die Honorare seinen Unterhalt gesichert hätten. Und schließlich noch eine Frage: sind die Lehrjahre, die der Ausübung eines Berufes vorangehen, die Jahre der Ruhe, die ihr folgen, ebenfalls Beruf, sozusagen notwendiger Bestandteil desselben?

Herrmann-Heuer-Raupach kritisieren in ihrer Besprechung des § 3 Nr. 26 EStG die von Bals in BB 1980 S. 980 vertretene Meinung, die «nebenberufliche Tätigkeit» setze begrifflich voraus, daß der Nebenberufler eine hauptberufliche Tätigkeit ausübe. Bals sieht diese z.B. bei Rentnern als zweifelhaft an. Seine Kritiker sind der

Meinung, nebenberuflich sei jede Tätigkeit, aus der nicht hauptsächlich der Lebensunterhalt bestritten wird. Der BMF bemüht mit dem Erlaß vom 19.06.1981 die so gar nicht beliebte Verkehrsanschauung, der u.a. Zeitaufwand, Höhe der Vergütung und der Umfang, in dem aus der nebenberuflichen Tätigkeit der Lebensunterhalt bestritten wird, als Kriterien mitgegeben werden. Rentner, Studenten, auch Hausfrauen, Vermieter und Arbeitslose sollen nicht a limine vom Recht der Ausübung eines Nebenberufs ausgeschlossen sein. Streitigkeiten, auf Grund sotaner Meinungsverschiedenheiten zu erwarten, sind eingetreten, die Verkehrsauffassung tut ihre Neigung zur Divergenz kund.
Vom FG München ist der Fall eines Studenten rechtskräftig entschieden worden, der für 663 Unterrichtsstunden an einer Berufsförderungsschule DM 18 939,–brutto erhalten hat. Das FG erklärt, nebenberufliche Tätigkeit setze nicht die Ausübung hauptberuflicher Tätigkeit voraus. Nebenberufliche Tätigkeit sei aber nicht gegeben, wenn die aus ihr erzielten Einkünfte die Bestreitung des Lebensunterhalts ermöglichten. Damit eröffnet sich ein weites Feld: wie hoch dürfen Einkünfte sein, ehe sie die Bestreitung des Lebensunterhalts ermöglichen, und sind bei ihrer Bemessung die speziellen Bedürfnisse des Steuerpflichtigen zu berücksichtigen?
Das FG des Saarlandes – abweichend vom FG München – erklärt, nebenberufliche Tätigkeit setze die Ausübung eines Hauptberufs voraus, doch müsse der Hauptberuf nicht mit der Erzielung von Einkünften verbunden sein (Schubert und van Gogh wären also als nebenberufsfähig zu betrachten gewesen). Der Kläger vor dem FG des Saarlandes war ein Jurastudent, der für seinen Unter-

richt an einer Musikschule (10 Stunden wöchentlich, also 520 Stunden jährlich) DM 11978,59 brutto erhalten hat. In seiner Entscheidung, gegen die das zuständige FA Nichtzulassungsbeschwerde eingelegt hat (die Revision ist zugelassen), hat sich das FG also der Auffassung von Bals angeschlossen, nach der die Ausübung eines Nebenberufs die eines Hauptberufs begrifflich voraussetzt. Vorbereitung auf einen Beruf kann, wirtschaftlich sinnvoll ausgeübt, Hauptberuf sein; über die Zulässigkeit der Annahme nebenberuflicher Tätigkeit bei den im Erlaß vom 19.06.1981 genannten Personengruppen brauchte das FG des Saarlandes nicht zu entscheiden. Vielleicht führen die in München und im Saarland vertretenen Meinungen zu weiteren, noch nicht entdeckten

Deduktionen. In diesem Zusammenhang eine Frage nur als Anregung: ist die Tätigkeit der Mitglieder einer gesetzgebenden Körperschaft als haupt- oder als nebenberuflich zu betrachten?

Die Tür und ihre tiefere Bedeutung

Die beiden Entscheidungen der FG Baden-Württemberg vom 29.09.1983 und Rheinland-Pfalz vom 16.02.1984 stehen auf S. 334 der EFG hintereinander; daraus auf ihre Harmonie zu schließen wäre verfehlt, obwohl beide sich auf dieselben Entscheidungen des BFH berufen. Gegen die FG-Entscheidungen ist Revision eingelegt. Quintessenz ist – auf den kürzesten Nenner gebracht – die Frage: Was ist im Sinne von BewG § 75 Abs. 5 und 6 die «Wohnung»? Das Gesetz definiert den Begriff nicht, der BFH fügt – vielleicht in der unbewußten Erinnerung an die Jahre der Wohnungszwangswirtschaft – das Adjektiv «selbständig» hinzu; sie müsse, sagt er, baulich abgeschlossen sein und einen selbständigen Zugang haben; der bauliche Abschluß setze eine «gewisse», also nicht genau zu bestimmende Dauerhaftigkeit voraus. Das FG Baden-Württemberg sieht den Begriff der «selbständigen Wohnung» auch durch Zimmertüren als nicht gestört an, wenn die Wohnungen z.B. auf verschiedenen Stockwerken liegen; das FG Rheinland-Pfalz spricht den Türen die «gewisse Dauerhaftigkeit» ab und erklärt apodiktisch, daß «sie nicht dem Abschluß, sondern der Verbindung dienen. Anderenfalls wären sie überflüssig.»

Der Leser der beiden Entscheidungen kommt auf Grund

der Beschreibung der Häuser zu dem Ergebnis, daß in beiden Fällen die Einlieger- oder Nebenwohnungen nicht erreicht werden können, ohne daß deren Mieter Räume betreten, die nicht zu ihrem Wohnbereich gehören; im ersten Fall ist ein Obergeschoß nur über eine Treppe zu erreichen, die im Flur der Erdgeschoßwohnung beginnt, im zweiten Fall gibt es offenbar eine Diele im Erdgeschoß, in der eine Tür dieses von der im Untergeschoß gelegenen Einliegerwohnung trennt.
Das Gesetz beschränkt sich wie gesagt auf das Wort Wohnung; es ist offenbar der Meinung, daß seine Untertanen wissen, was es damit meint. Deren Ansprüche sind aber verschieden, mithin wird die Rechtsprechung bemüht, die Frage zu klären. Der BFH hat im Urteil vom 22.06.1979 deutlich zu machen versucht, was man unter einer Wohnung zu verstehen hat: ihre Räume müssen gegenüber denen anderer Wohnungen baulich abgeschlossen sein und einen selbständigen Zugang haben. Auch darüber läßt sich im einzelnen Fall natürlich wakker streiten, aber nun kommt, was mindestens gegeben sein muß: die Zusammenfassung mehrerer Räume zu einer Wohnung aus der Lage der Räume zueinander, ihrer Zweckbestimmung und der dieser entsprechenden tatsächlichen Nutzung. Das Fazit aus dem hier behandelten Fall: mit der Zahl der erklärenden Definitionen wächst die Zahl der zweifelnden Argumente, die Menge der Tatbestände ist zu groß für die Möglichkeiten der Sprache, an ihr liegt es, daß die streitenden Parteien sich aus den jeweils vorliegenden Entscheidungen der Gerichte heraussuchen, was ihre Auffassung zu bestätigen, und weglassen, was nicht zu passen scheint – und das alles in Verbindung mit Objekten, die so unter-

schiedlich geartet sind, wie Wohnungen nun einmal zu sein pflegen. So bezieht die Tür ihre tiefere Bedeutung nicht aus der Fähigkeit, sich abschließen zu lassen – dies ist eben kein baulicher Abschluß –, sondern aus ihrer Benutzbarkeit als Verbindungsorgan. Wäre die Beurteilung eine andere, wenn es sich um eine nur unter erheblichen Kosten entfernbare Panzertür handelte? Und spielt nicht die Frage, wer den Schlüssel zu ihr hat, auch eine Rolle?

Finanzdelikt und Abgabenbetrug

Ein europäisches Abkommen vom 20.04.1959 über Rechtshilfe in Strafsachen erlaubt den Mitgliedern deren Verweigerung im internationalen Verkehr z.B. dann, wenn die Straftat in einem «Finanzdelikt», also etwa in einer «einfachen» Steuerhinterziehung besteht. Anders ist die Situation zu beurteilen, wenn «Steuerbetrug» vorliegt. Ihn definiert das Schweizer Bundesgericht als das Verhalten des Missetäters, der sein Recht anhand von Urkunden zu beweisen versucht, die falsch, jedenfalls aber unwahr sind; das Gericht sieht darin nicht mehr ein bloßes Finanzdelikt, sondern einen Abgabenbetrug. Wo aber der Tatbestand des Betruges gegeben ist, kann Rechtshilfe nicht verweigert werden.

Der Tatbestand in einem wegen des Fehlens vom Gericht für wichtig gehaltener Unterlagen noch nicht entschiedenen Fall: Einem deutschen Unternehmen wurden Waren von einer in einem Drittstaat gelegenen Firma geliefert, die diese von ihrer Schweizer Niederlassung berechnen ließ. Irgendwann wurde das Verfahren geändert, indem nunmehr der Lieferant seine Lieferungen unmittelbar berechnete. Die jetzt berechneten Preise lagen aber erheblich unter den bisher von der Schweizer Niederlassung berechneten, woraus die deutsche Steuerbehörde folgerte, die Differenz zwi-

schen den (höheren) alten und den (niedrigeren) neuen Preisen sei in der Vergangenheit an das deutsche Unternehmen zurückgeflossen. Davon, ob dies geschehen ist, hängt die Entscheidung der Frage ab, ob Betrug vorliegt, Rechtshilfe also zu gewähren ist, oder ob man nur von einem Finanzdelikt sprechen kann.
Der Fall ist, wie erwähnt, noch nicht entschieden: die Schweizer Behörde hat bei der Schweizer Niederlassung des ausländischen Lieferanten die entsprechenden Akten beschlagnahmt und – vermutlich – der deutschen Finanzbehörde eine Frist für den Nachweis gesetzt, daß der Fall ein Betrugsfall ist, also nicht nur ein Finanzdelikt. Lebte Plato heute, würde ihn vielleicht der Gedanke amüsieren, ein wie sonderbares Geschöpf der Mensch ist, der angesichts der Weltbedrohung noch Ordnung in sein moralisches Begriffsregister bringen möchte.

In dubio pro reo

Schön und gut, aber wie denn, wenn es keinen Angeklagten gibt, sondern nur Schuldige, vielleicht Schuldige, Opfer eines Irrtums, Stolperer über Mißverständnisse, Spendierer mit gutem Gewissen – wann wird der letzte Stein auf sie geworfen sein? Es wird langweilig im Glashaus, wenn die letzten Scheiben zu Bruch gegangen sind. Trotzdem – Parteienstreit, Ausschußberatungen mit Minderheitsgutachten, aber auch schwebende Rechtsmittel behindern die im allgemeinen doch so gut funktionierende Vergeßlichkeit.

Die Behauptung, es bestünden zwischen den Männern, die die Steuern erheben, und denen, die sie bezahlen, von Berufs wegen herzliche freundschaftliche Beziehungen, darf als ein wenig übertrieben bezeichnet werden; so sind die Menschen nicht. Doch läßt sich eine gewisse Erwärmung des Verhältnisses dort feststellen, wo des Volkes Stimme beide Gruppen in dasselbe Boot setzt: die Parteienspender einerseits, die Männer, die den steuerlichen Abzug der Spenden zuzulassen oder zu versagen haben, andererseits. Die Idee der Amnestie wurde aus den hehren Gedanken an die Notwendigkeit musterhafter Sauberkeit der öffentlichen Finanzwirtschaft verworfen und damit die Jagd auf Missetäter, aber auch die auf Entlastungsargumente angeblicher Misse-

täter freigegeben. Damit haben nun die Gerichte zu tun, sie tun sich schwer damit, denn die Tatbestände sind verschiedenartig und liegen weit zurück.
Das FG Köln hat (EFG 1986 S. 39) am 07.06.1985 einen Fall entschieden, der ihm keine Freude gemacht haben wird; der Leser empfindet Genugtuung, daß die Angelegenheit den BFH jedenfalls nicht wird beschäftigen müssen; das Urteil ist nämlich rechtskräftig.
Das FG hätte sich mit der Frage beschäftigen können, ob nicht die in Rede stehenden «Spenden an Fördervereine einer politischen Partei» Betriebsausgaben im eigentlichen Sinne darstellten; auch mit der Bedeutung der jahrelangen Großzügigkeit der Finanzverwaltung bei der Behandlung derartiger Spenden hätte es sich auseinandersetzen können. Es hat das nicht getan, sondern den Fall, der nahezu zehn Jahre zurückliegt, zugunsten des Spenders entschieden. Erforderlich war dazu die Anerkennung der Rechtsverbindlichkeit einer Zusage der Spendenabzugsfähigkeit, die der inzwischen verstorbene Vorsteher des für den Spender zuständigen Finanzamts erteilt hatte. Das FG hat alle Umstände gewürdigt, die dem Beamten zu seiner Entscheidung veranlaßt haben oder veranlaßt haben könnten. Der aber konnte sich nicht mehr äußern, das Gericht war also auf Akten und Erinnerungen von am Rande Beteiligten angewiesen. Aber Zehn Jahre sind eine lange Zeit, und die Gedanken der Toten lassen sich nicht ausgraben. Am Ende bleibt für einen nie zu klärenden Rest an Zweifel dem Verstorbenen immer das Recht, das der lateinische Spruch dem lebenden Angeklagten zubilligt: In dubio pro mortuis. Das FG hat es ihm gewährt.

In memoriam eines – sagen wir: Eigensinnigen

Es gibt Namen, die viele kennen, ohne von den Menschen, die die Namen tragen oder einst getragen haben, mehr zu wissen, als eben den Namen. Diesen Aphorismus, den ich wahrscheinlich irgendwann irgendwo gelesen habe, erfand ich von neuem beim Lesen eines Nachrufs auf Karl Kraus, der vor fünfzig Jahren in Wien verstorben ist; sein Tod bietet also in unseren Tagen Gelegenheit zu leicht begründetem Nachruf. Fern liegt mir Kraus' Würdigung als Schriftsteller, Ironiker, Verächter Heines (als des Feuilleton-Erfinders); in seiner Zeitschrift «Die Fackel» hat er bewiesen, daß ihm nichts so fern lag wie der Wunsch, einen Streit, der nur die geringste Neigung zu entbrennen zeigte, zu vermeiden. Daß diesem Manne eine Auseinandersetzung mit der Wiener Bezirkssteueradministration nicht erspart geblieben ist, mag als selbstverständlich betrachtet werden; nicht ebenso selbstverständlich dürfte allenfalls die Entdeckung des «einschlägigen» Briefwechsels auf Grund meiner Forschungstätigkeit sein.
In einem Brief vom 14. Februar 1929, der zunächst alle höchst unerfreulichen Folgen mangelhafter Beachtung steuerlicher Vorschriften schildert, stellt die Behörde Fragen zum «Bekenntnis» von Karl Kraus für das Jahr 1927 (eine Steuererklärung trug, wie man sieht, damals in

Österreich noch den Charakter der tief-innerlichen Gläubigkeit, die wir mit dem Wort «bekennen» verbinden). Die meisten Fragen, die die Behörde dem Herausgeber der «Fackel» vorlegte, unterscheiden sich nicht von denen, die auch heute noch in Fällen dieser Art gestellt werden; eine einzige entspricht, wie mir scheint, dem gerüchtefördernden Milieu der Wiener Literaturcafés: Kraus, schreibt die Behörde, soll bei dem Preisausschreiben einer italienischen Kravattenfabrik einen größeren Geldpreis erhalten haben: wo der angegeben sei? Die Frage ist so lächerlich, daß Kraus lange darüber nachgedacht haben wird, was er auf diesen Gedanken antworten solle: er, der bis auf's Blut verfeindet war mit ziemlich allen Menschen, die damals in Europa Preise zu verteilen hatten. So antwortete er mit der kurzen Bemerkung, es handele sich wohl um eine Verwechslung: Professoren der Sorbonne hätten ihn für den Nobelpreis vorgeschlagen, den habe er aber nicht bekommen. Die Bezirksadministration wird sich über den Satz gewundert haben. Ob sie seine Ironie verstanden hat, ist nicht bekannt.

Spontane Hilfe

Ein französisches Sprichwort behauptet, das Mißtrauen sei die Mutter der Sicherheit. Wenn der Satz richtig ist, wird man die Kontrollmitteilungen der Finanzverwaltung als die Pillen betrachten dürfen, die – regelmäßig eingenommen – der Gesundheit des Kindes dienen. Sie sind heute so sehr Mittel der Allgemein-Medizin, daß keiner, der sie zu schlucken bekommt, noch an die Mutter denkt. Der Gedanke an sie kam mir aber spontan, als ich die Entscheidung des FG Düsseldorf vom 20.04.1982 las. Der Tatbestand: ein Steuerpflichtiger zahlt an einen belgischen Vermittler von Stahlverkäufen Provisionen, die die deutsche Steuerbehörde als Betriebsausgaben anerkennt, sie erklärt aber, eine Kontrollmitteilung fertigen und an die belgischen Behörden weiterleiten zu wollen. Der Deutsche hält das für unzulässig und erhebt Klage, das FG hält die Klage für nicht begründet, der Kläger legt Revision ein.
Als ich die Entscheidung las, fiel mir zunächst das Sprichwort von der Mutter der Sicherheit ein, sogleich danach aber auch der Satz von dem Sack, den man schlägt, und dem Esel, den man meint; den Gedanken, die – möglicherweise erste – ohne Ersuchen einer ausländischen Steuerbehörde für diese zu fertigende Kontrollmitteilung eines deutschen Finanzamts könne der

Silberstreifen am Horizont europäischer Gemeinschaftsgesinnung sein, habe ich als allzu zweifelhaft verworfen. Was also? Die eingehenden Ausführungen des FG über die Zulässigkeit von «Spontanauskünften» in Verbindung mit den §§ 30 und 117 der AO lassen den Hintergrund der finanzamtlichen Erwägungen nicht erkennen, aber auch die Annahme, den deutschen Steuerbeamten gehe es um die Unterstützung der Arbeit ihrer belgischen Kollegen oder um die Besserung der belgischen Staatsfinanzen, scheint mir die Grenze der noch glaubhaften Absurdität zu überschreiten. Der Skeptiker liebt, was im Verborgenen blüht, Vermutungen sind ihm Wegweiser zum nicht ganz und gar Unwahrscheinlichen. Was liegt näher, grübelt er, als die Annahme, das im nationalen Steuerverkehr so segensreiche Instrument der Kontrollmitteilung könne, international benutzt, sein Talent als Bumerang offenbaren? Das Interessanteste an einem Disput, sagt er sich, sind oft die Gedanken, die die Streitenden verschweigen.

Die steuerpflichtige «Leistung»

Was «Leistung» (§ 22 Nr. 3 EStG) steuerlich ist, hat der Große Senat des Bundesfinanzhofs im Urteil vom 23.6.1964 genau definiert – nicht freilich so, daß alle, die mit der Frage zu tun haben, eitel Freude zu empfinden vermöchten. Doch läßt sich die Stimme des Jupiter tonans nicht übertönen; dem Finanzgericht Bremen, das dies mit den Urteilen vom 5.4.1968 und vom 10.3.1972 versucht hat, ist es nicht gelungen, die höchste Finanzautorität davon zu überzeugen, daß sie den Begriff der «Leistung» zu weit fasse. Das Finanzgericht Bremen möchte in Anlehnung an die Fassung des Einkommensteuergesetzes von 1925, das nicht von «Leistung», sondern von «Tätigkeit» sprach, eine sozusagen untätige Leistung nicht als Leistung im Sinne von § 22 Nr. 3 EStG auffassen, während der Begriff nach der Meinung des Bundesfinanzhofs jedes Tun, Unterlassen und Dulden umfaßt, das Gegenstand eines entgeltlichen Vertrages sein kann – allerdings unter der Voraussetzung, daß nicht «Freundschaft» (es handelt sich um die Besteuerung einer Prostituierten) Anlaß zu mit Geld belohnten intimen Beziehungen ist.
Abgesehen davon, daß es einem in der Seele wehtut, den honorigen Staat in der Gesellschaft von weit weniger honorigen Leuten – wenn auch nur zum Zweck der

Beteiligung an deren Einkünften – zu sehen, macht die Veranlagung dieser Art von Leistungen solche Schwierigkeiten, daß von Ordnungsmäßigkeit kaum gesprochen werden kann. Wie schwierig der Umgang mit dem Problem ist, ergibt sich neuerdings aus der Entscheidung des Finanzgerichts Nürnberg vom 17.1.1979, gegen das Revision eingelegt ist. In diesem Urteil führt das Finanzgericht zu den Einnahmen eines Zuhälters, die ja wohl bei dessen Schützling Werbungskosten sind, folgendes aus:

«Es genügt ... nicht, wenn eine Person von einer Prostituierten nur Geldbeträge oder sonstige Zuwendungen entgegennimmt, ohne daß sie hierfür Leistungen gegenüber der Prostituierten in bezug auf deren Tätigkeit erbringt. Denn das Gesetz fordert das Vorliegen von – wenn auch geringen – Leistungen, um sonstige Leistungen ... annehmen zu können.»

Welcher Art können Leistungen einer Person gegenüber einer Prostituierten in bezug auf deren Tätigkeit sein? Tut sie, um nicht selbst steuerpflichtig zu werden – in welchem Falle die von der Prostituierten gezahlten Beträge allerdings nicht als deren Werbungskosten betrachtet werden könnten – gar nichts? Genügt es für die Besteuerung nach § 22 Nr. 3 EStG, daß die Person – z.B. als Verlobter der Prostituierten oder als Mitinhaber einer gemeinsamen Wohnung – deren intime Beziehungen zu Dritten duldet? Reicht dieses «Dulden» aus für die Annahme der geringen Leistung, die das Gesetz nach der Meinung des Finanzgerichts Nürnberg verlangt, um das Vorliegen sonstiger Leistungen unterstellen zu können? Stellt aber vielleicht schon die bloße Existenz des Zuhälters – etwa in Gestalt des den Hintergrund belebenden Boxers außer Dienst – die wenn auch geringe Leistung dar, die das Gesetz fordert? Fragen über Fragen, aber kein Grund zur Beunruhigung, auch sie werden im Interesse weiterer Vereinfachung der Steuerveranlagungen gelöst werden.

Steuerliche Mitteilungen aus dem Nachtleben

Greift nur hinein ins volle Menschenleben! Und wo ihr's packt, da ist's interessant – der Satz gilt beileibe nicht für alle Entscheidungen deutscher Finanzgerichte, aber bei der Lektüre des einer phantastischen Traumwelt mit rationaler Schulweisheit auf den Leib rückenden Urteils des FG Rheinland-Pfalz vom 13.12.1982 fällt dem Leser nichts ein als der oben zitierte Spruch des Großvaters aus Weimar. Der steuerbewußten Menschheit ganzer (ganzer!) Jammer ist hier auf einer Druckseite versammelt: eine Schar von 51 sogenannte (warum eigentlich «sogenannte»?) Animierdamen, bei denen zu eruieren ist, ob sie (wegen ihrer teilweise festen Bezüge) als lohnsteuerpflichtig oder (wegen ihrer Beteiligung am Verzehr der animierten Gäste) als selbständig zu gelten haben; ein FA, das Schwierigkeiten bei der Ausfertigung der Steuerbescheide hat, weil bei einem Teil der Animierdamen – so wenig streng sind dort die Sitten – die Vornamen zwar bekannt, die Nachnamen und Adressen aber unbekannt sind; eine Fahndung, die in ihrer Verzweiflung (und wer würde im Dunkel solcher wahrhaft nachtbarlichen Steuergebarung nicht verzweifeln?) ohne Rücksicht auf den zu erwartenden Vorwurf der wesentlichen Verfahrensmängel die Lösung nur im Gebrauch des Paragraphen verachtenden Holzhammers findet; ein FG, dessen Richter sich nicht wohlgefühlt haben können, als sie die 51 Königinnen der Nacht nebst ihrem Meister von dem LSt-Haftungsbescheid des Finanzamts befreiten; sie haben juristisch nach dem Grundsatz «Dura lex, sed lex» des Kriegsgerichts im «Prinz von Homburg» geurteilt, ihr ethisches Empfinden wird aber den Kopf geschüttelt haben. Immerhin: das Urteil ist rechtskräftig, dem BFH wird die Beschäftigung mit dem Problem erspart. Eine Frage freilich bleibt offen: streitig sind die vier Jahre 1978 bis 1981 – hätten die steuerlichen Zweifel sich nicht schon früher regen müssen? Eine Bar mag zwar bei Nacht blühen, sicher aber nicht im Verborgenen.

Vom Blühen im Verborgenen

Wer nicht praktisch mit den geschäftlichen Gepflogenheiten des nach Ansicht der Historiker «ältesten Gewerbes der Welt» zu tun hat, versucht, seine Erfahrungen durch die Lektüre der Finanzrechtsprechung zu erweitern: viel mehr als den Lehrsatz, daß die Lebenszähigkeit des Berufs seiner Abneigung gegen die Zahlung von Steuern adäquat ist, wird er allerdings kaum gewinnen. In der Besprechung der Entscheidung des FG Nürnberg vom 17.01.1979, die die steuerliche Behandlung von Zahlungen einer Hetäre an ihren Schutzmann betraf, habe ich die leichtfertige Behauptung aufgestellt, daß die damals offen gebliebenen Fragen sicherlich auch beantwortet werden würden. Mit dem Fall des Urteils des FG Nürnberg vom 21.7.1982 haben wir uns aber von der Lösung dieser noch offenen Probleme entfernt, denn hier hat das Finanzamt den wegen «ausbeuterischer Zuhälterei» rechtskräftig verurteilten Nießbraucher zum Partner der Dame avancieren lassen und deren Einkünfte nach § 180 Abs. 1 Nr. 2 AO zwischen den beiden «Beteiligten» aufgeteilt. Das wäre eine echte societas leonina gewesen, ein Instrument der Willkür, von der Finanzverwaltung verabscheut und durchaus ungeeignet zur «harmonischen» Verteilung der Einkünfte, wie sie von Tipke–Kruse (AO § 180 Tz. 7) verlangt wird. Das konnte nicht gut gehen, ist es auch nicht, das FG Nürnberg hat entsprechend und rechtskräftig entschieden, die Problematik ist geblieben.

Diese ist übrigens nicht auf das Gewerbe beschränkt, mit dem das FG Nürnberg sich hat beschäftigen müssen, sondern trägt allgemeinen Charakter. Der Vorsitzende der Steuergewerkschaft allerdings plädierte kürzlich in Hannover für mehr Prüfung – damit gleicht er dem Manne, der bei Nacht ein Geldstück verliert, es aber nicht dort sucht, wo er es verloren hat, sondern unter der nächsten Laterne – «weil es dort heller ist».

Schon die alten Römer wußten, daß nicht leicht zu prüfen ist, was sich mit Fleiß verbirgt; «optime florent negotia secreta» (Am besten blüh'n die heimlichen Geschäfte) sagten die Steuereinnehmer zur Zeit des Augustus, in der Schwarzarbeit, Prostitution und Nachbarschaftshilfe florierten. Alles wiederholt sich eben in der menschlichen Geschichte, und von dem Wunsch, dem Kaiser zu geben, was des Kaisers ist, haben zu viele stets zu wenig gehalten. Das spüren dann die andern.

Minima curant praetores?

Es gibt Entscheidungen der Finanzgerichte, die das Interesse auch des steuerlichen Laien – aber wer ist das noch unter dem Druck der modernen Steuerbelastung? – weniger wegen ihrer juristischen Qualität als vielmehr deshalb erwecken, weil sie das unablässige Bemühen mancher Veranlager erkennen lassen, Steuererträge aus Tatbeständen zu schaffen, deren einzige Fähigkeit in der zur Entfesselung eines überflüssigen Papierkriegs besteht.

Das FG Hamburg hat sich in seinem Urteil vom 17.05.1982 mit der vom Finanzamt behaupteten Lohnsteuerpflicht eines ausländischen au-pair-Mädchens beschäftigt. Was ein au-pair-Mädchen ist, wissen die Europäer, seit sie sich bemühen, ihre Beziehungen zueinander in den gesellschafts-üblichen Formen und nicht nach dem Faustrecht zu regeln, also immerhin seit einigen Jahrzehnten. Gleichwohl muß sich das FG Hamburg für verpflichtet gehalten haben, in einem vorzüglich begründeten und keine Frage unbeantwortet lassenden Urteil vom 17.05.1982 darzulegen, was ein au-pair-Mädchen von einer «Arbeitnehmerin im privaten Dienst» unterscheidet. Man hat beim Lesen der Entscheidung den Eindruck, als wäre es die Absicht des Autors gewesen, zwischen den Zeilen zu sagen: «Zwar ist, was hier ansteht, ein Einzelfall; er läßt aber erkennen, daß immer noch nicht allgemein bekannt ist, was Absicht, Tätigkeit und Stellung eines au-pair-Mädchens sind. Deshalb sage ich es so ausführlich und genau, damit auch diejenigen, die geneigt sind, jeden Pfennig Taschengeld für eine steuerpflichtige Zahlung zu halten, sich meine Worte merken.»

Die Entscheidung des FG Hamburg ist rechtskräftig, der Fall wird also den BFH nicht beschäftigen. Das ist erfreulich.

Die Entscheidung des FG Hamburg betrifft die Lohnsteuerpflicht eines au-pair-Mädchens, das sechs Monate in einem deutschen Haushalt lebte und von seinen Gastgebern ein Taschengeld von DM 200,– monatlich erhielt. Daß sich an diesen Zahlen ein Rechtsstreit entzünden konnte, stimmt traurig.

Gute Tat und sittliche Verpflichtung

Was einen Menschen rechtlich oder tatsächlich verpflichtet, läßt sich, manchmal freilich unter Schwierigkeiten, ermitteln. An der sittlichen Verpflichtung aber scheiden sich die Geister, zu verschieden ist, was die einzelnen Völker unter Sitte verstehen, zu verschieden auch die Wandlung der Sitte im Zuge der geschichtlichen Entwicklung. Das Wort «Sittengesetz» ist Widerspruch in sich; Humes Idee der Kombination von Vernunft und Gefühl trifft die Wandelbarkeit besser.
Das FG Rheinland-Pfalz hat mit Urteil vom 22.02.1983 die Aufwendungen eines Vaters für den Wahlverteidiger seines wegen Raubmords angeklagten und dann verurteilten Sohnes als außergewöhnliche Belastung im Sinne von § 33 EStG anerkannt. Es geht davon aus, daß Eltern aller Schichten für ihre in Not geratenen Kinder einzustehen pflegen, ohne nach Schuld oder Unschuld zu fragen. Über die Richtigkeit dieses Satzes dürfte – mindestens, wo es sich um Kapitalverbrechen handelt – gestritten werden; nachdenkliche Leute, mit denen ich das Urteil diskutiert habe, meinten, es gebe Taten von solcher Verwerflichkeit, daß, wer sie begehe, die Verbindung zu seinen Angehörigen zerschneide. Die Entscheidung des FG enthält nichts, was eine Beurteilung der Umstände des Anklagevorwurfs zuläßt; lediglich der

Hinweis auf den Entschluß der Eltern, dem angeklagten Sohn einen «guten Verteidiger» zu stellen, läßt darauf schließen, daß es sich um ein Verbrechen gehandelt hat, dessen gerechte Beurteilung durch das Schwurgericht einer subtileren Analyse durch den Verteidiger bedurfte, als sie ein Pflichtverteidiger nach Meinung des FG vielleicht geliefert hätte. Folgt man der Idee von Hume zur Theorie des Sittlichen, so findet man, daß das Urteil des FG vom 22.02.1983 wie übrigens fast alle ethischen Entscheidungen durch das Gefühl stärker bestimmt wird als durch die Vernunft. Das ist ein Vorzug; über die ratio läßt sich wacker streiten, über Gefühle nicht.

Der Fehler des Urteils: es ist rechtskräftig. Das zuständige Finanzamt als Beklagter stützt sich auf das Urteil des BFH vom 03.05.1974, das FG vermag aus dieser Entscheidung die Berechtigung des Einwands des FA nicht sicher herauszulesen, betont aber, es könne dem BFH nicht folgen, falls dieser gemeint habe, was das FA annehme. So bleibt die mit Recht nicht geliebte Ungewißheit über die Rechtslage, gemildert nur durch die Hoffnung, daß sittliche Gründe und Zwangsläufigkeit nicht zu häufig gemeinsam agieren werden.

Der Gefangene und sein Hund
Kein Märchen

Es war einmal ein Mann, der ein Gesetz übertrat, deshalb verurteilten ihn die Diener des Gesetzes zu einer Freiheitsstrafe. Als ihn dann die Häscher in Bande schlugen, er sich also in der sogenannten Strafvollzugsanstalt (StVA) zwecks Aufnahme meldete, ergab sich eine Schwierigkeit daraus, daß er nur einen einzigen Angehörigen hatte, nämlich eine Dogge, der für die Zeit seiner Haft eine Bleibe einzuräumen sich niemand bereit erklärt hatte. Doggen aber, wie Tiere überhaupt, säen nicht und ernten nicht, überlassen vielmehr das Problem ihrer Ernährung dem Menschen. Der Delinquent nahm also seinen Hund, als er die Haft antrat, mit sich zur StVA; er hatte die Hoffnung, man werde das Tier dort internieren und auch nichts dagegen haben, daß es sich von den Brosamen nähre, die sein Herr ihm aus seinen Rationen zuteilen werde. Diese Hoffnung trog; seine Bitte mußte aus vielen Gründen, vor allem aber deshalb abgelehnt werden, weil der Hund kein den Entzug seiner Freiheit rechtfertigendes Urteil vorzulegen vermochte. Nach sicherlich schwierigen Verhandlungen erklärte sich schließlich eine Angestellte der StVA, für die Dogge eine wahre dea ex machina, bereit, das Tier bis zur Beendigung der Haft seines Herrn in private Obhut zu neh-

men. Sie konnte sich in dem solchen Fällen getätigter Nächstenliebe fast immer folgenden Steuerrechtsstreit auf das Strafvollzugsgesetz berufen, das sie verpflichtet, die zur Sicherstellung der Habe der Gefangenen notwendigen Maßnahmen zu treffen. Wie weit der Begriff der Habe reicht, dürfte noch ungeklärt sein; bis zur Dogge jedenfalls hat ihn das FG Berlin anerkannt, ob es ihn aber auf Tiger oder andere wilde Tiere ausgedehnt hätte, halte ich für zweifelhaft.

Der menschen- und tierfreundlichen Angestellten der

StVA entstanden durch den Aufenthalt der Dogge in ihrem Hause Kosten von DM 672,–, die sie mangels Ersatz durch die StVA als Werbungskosten geltend machte. Das FA nahm, wie zu erwarten war, private Veranlassung an; diese Vermutung liegt immer nahe, wo jemand Geld aus einem Grunde ausgibt, der von vielen Menschen nicht als zweckvoll anerkannt wird. Werbungskosten, dies ergibt sich aus dem Urteil des FG Berlin, werden aber nicht zu privatem Aufwand, wenn man sich ihnen vielleicht sogar hätte entziehen können.
Kynologen haben mir versichert, der Betrag von DM 672,– decke die Ernährungskosten einer Dogge während etwa zwei Monaten. Ziemlich teuer, dachte ich, wie schön, wenn der Häftling der liebenswürdigen Angestellten ein Tier hätte in Pension geben können, von dem ein prominenter Hundeliebhaber gesagt hat: «Ein Hündchen wird gesucht, das weder bellt noch beißt, zerbrochene Gläser frißt und Diamanten ...» Ja, da hätten sich die Werbungskosten in Einnahmen verwandelt, die Finanzgerichte müßten sich mit deren Steuerpflicht befassen, und dieser Aufsatz wäre nicht kein, sondern ein Märchen.
Für alle Fälle: das Gedicht ist von Goethe.

Ein Wurf nach der Speckseite oder eine dumme Frage?

Der Philosoph Wittgenstein hat dem Sinne nach einmal gesagt: «Fragen, auf die es keine Antwort gibt, soll man nicht stellen.» Der Parallelsatz dazu könnte lauten: «Fragen, über die man selbst nicht nachgedacht hat, soll man anderen nicht stellen.» Der Mann, der beim Bundesfinanzministerium angefragt hat, ob die vom Verlag des «Stern» für den Erwerb gefälschter Tagebücher ausgegebenen Millionen auf die Höhe der Staatseinnahmen einen Einfluß haben, dem Verlag also steuerlich als Verlust angerechnet werden würden, hat offensichtlich gegen diesen Satz verstoßen. Der Kauf von Tagebüchern, die ein Zeitschriftenverlag für der Veröffentlichung wert hält, ist eine Investition; stellt sich nach dem Kauf heraus, daß die Bücher gefälscht sind, von ihrer Bekanntgabe also abgesehen werden muß, so wird aus der Investition eine Fehlinvestition, die bilanzmäßig nur wie jene Spesen behandelt werden kann, außer denen nichts gewesen ist. Wer – wie der Staat – am Unternehmen eines Anderen als nicht tätiger Teilhaber partizipiert, hat nun einmal einen Anspruch nur auf seinen Anteil am Gewinn. Ob der Unternehmer fehlinvestiert oder dem Bundesligaspieler die Achillessehne reißt – der Staat ist in jedem Fall betroffen. Sein Risiko aber wird durch die große Zahl der Partner verkleinert.

Von der Würde des Menschen

Eine Maschine, in das Kader eines gewerblichen Betriebs eingestellt, hält es nicht für unter ihrer Würde, bilanziert und sogar abgeschrieben zu werden; sie wird nicht einmal nach ihrer Meinung gefragt. Ebenso stark ausgeprägt ist der Objektcharakter bei dem im gewerblichen Bereich beschäftigten Getier: Wachhunden, Zugpferden und den zahlreichen Bewohnern der zoologischen Gärten; auch sie werden nach ihrem Urteil über die eigene Bilanzierung nicht befragt. Die moderne Zeit, der wir schon so vieles zu verdanken haben, hat uns ein neues Problem beschert, nämlich das der Transformation des von allen Philosophen hochgepriesenen Subjekts in ein Objekt, das zur gewerblichen Nutzung eingekauft wird und demgemäß zu bilanzieren sein soll, den Menschen nämlich. Nicht ist die Rede von den Zeiten des Sklavenhandels; Fälle aus unserer Zeit, in denen Unternehmungen tüchtige Manager gegen hohe Ablösungssummen an andere Betriebe abgegeben hätten, sind mir nicht bekannt geworden, vielleicht also nicht gegeben. Ich spreche vom Fußballspieler; auch er ist ja, nehmt alles nur in allem, trotz finanzieller Verwertbarkeit ein Mensch. Einen Steuerkommissär in der Schweiz dünkte es angebracht, die Bilanzierung eines Menschen nach den Grundsätzen derjenigen einer Maschine oder eines Elefanten zu betrachten; der Gedanke, sie könnte schon im tiefsten Grund falsch sein, ist ihm so wenig gekommen, daß er die Frage nur von der Angemessenheit der Abschreibung auf das «Fußballkader» als Vermögenskomplex aus anging. Das zuständige Verwaltungsgericht hat die Meinung des Kommissärs nicht gebilligt. Es hat sich mit dem Problem in einer Form auseinandergesetzt, die vermuten läßt, daß es seine hintergründige Bedeutung – weit über eine Frage des Steuerrechts hinaus – zu betonen wünschte. Daß für seine Entscheidung die Würde des Menschen mindestens nicht ohne Belang war, läßt ein Satz erkennen, der besagt, daß Menschen keine Rechte seien, die wie Waren oder Forderungen zum Vermögen einer Unternehmung gehören; folglich könne für sie auch keine Aktivierungspflicht bestehen. Vielleicht hätte das Gericht «Objekte» statt «Rechte» sagen sollen, aber man versteht auch so, welchem Ungeist hier widersprochen wird.

Pro- und Epignose

Es war einmal ein Mann, der wollte seinen Lebensabend finanziell sichern, und als er von einem Wald hörte, der zu verkaufen war, erwarb er ihn, weil ihm der Eigentümer sagte, er werde nie Schwierigkeiten mit dem Absatz des Holzes haben; eine nahebei gelegene Zeche nämlich benötige laufend Baumstämme als Grubenstempel. Sechs Jahre später erwies sich, daß der Mann das Opfer einer «unsicheren Wahrscheinlichkeitsprognose» geworden war, indem er nämlich den nicht wahrnehmbaren Unterschied unbeachtet gelassen hatte, der zwischen dieser und einer sicheren besteht. Denn im siebten Jahr nach dem Walderwerb wurde die Zeche stillgelegt und bedarf nun keiner Grubenstempel mehr, so daß der Mann sein Holz anderweitig mit Verlust verkaufen mußte.

In der «Braut von Messina» behauptet Isabella, nichts Wahres lasse sich von der Zukunft wissen. Der Satz erweist sich als falsch, wenn man die Prognose zur Epignose werden, von der Zukunft überholen läßt, wie es der Architekt tat, der im Jahre 1970 einen «wüsten Hof» erwarb, diesen zunächst mit Verlust bewirtschaftete, 1975 mit Gewinn verkaufte und schließlich 1978 den Bundesfinanzhof zu entscheiden bat, daß der Kauf kein Akt von Liebhaberei gewesen sei. Der Bundesfinanzhof

(Urteil vom 6.3.1980 – IV R 182/78) befand sich in der erfreulichen Lage eines Gerichts, das einem Propheten zu bestätigen hat, seine Prognose müsse richtig gewesen sein, da die Tatsachen sie bestätigt hätten – im Urteilsfall zwar nicht in Gestalt angemessener Erträge schon in den Anlaufjahren, wohl aber durch den Gewinn bei der Wiederveräußerung. Der Bundesfinanzhof brachte weiter zum Ausdruck, die Annahme der Liebhaberei sei nur zu begründen, wenn «Sachverständige zu dem eindeutigen, berechtigten Zweifel ausschließenden Ergebnis» kämen, daß auch nach der vierjährigen Anlaufzeit nachhaltig Verluste angefallen wären – sachverständige Propheten also, große, über jede Wahrscheinlichkeitsprognose erhaben, da ja schon das Wort «Wahrscheinlichkeit» die Eindeutigkeit ausschließt, Seher, die über Isabellas Unwissenheit lächeln. Wo gibt es sie? Und wie, wenn der Käufer bekennt, sich beim Kauf eines wüsten Hofes als ein nur kleiner Prophet erwiesen, sich also hinsichtlich der künftigen Entwicklung geirrt zu haben? Kann Irrtum Liebhaberei begründen? Ist die Frage zu bejahen, wird, wer eine risikovolle Investition plant, gut tun, einen – natürlich großen – Propheten um die Prognose bezüglich der künftigen Beurteilung seines Projektes durch die Steuerbehörde zu bitten.

Das ungelöste Problem

Es wird in der Bundesrepublik nicht viele Berater geben, die noch nie mit einem Fall zu tun gehabt haben, der sie mit der Zulässigkeit der steuerlichen Abschreibung auf den «erworbenen» Geschäftswert eines Unternehmens konfrontiert hat. Die Meinungsverschiedenheit zwischen dem BFH und der Literatur in dieser Frage – besser: in der Frage des noch zulässigen Zeitpunkts der Abschreibung dieses mitunter fiktiven Wertes – besteht seit vielen Jahren; das ist besonders verwunderlich in einer Zeit, die im allgemeinen eine berechtigte Scheu vor der Aktivierung von materiell schwach fundierten Gefühlswerten in Bilanzen hat. Kommt es zu Auseinandersetzungen in der Frage der Abschreibung des erworbenen Geschäftswertes, der keiner ist – etwa bei einer Buch- oder Betriebsprüfung –, so pflegt der Prüfer die Berechtigung der Meinung des Pflichtigen kaum je zu bestreiten, sondern lediglich darauf zu verweisen, daß er, der Prüfer, der Rechtsprechung des BFH untertan sei. Murrend zwar, aber mit dem Gefühl, daß nicht jedes Urteil eines hohen Gerichts von salomonischem Geist getragen sein könne, findet der Steuerpflichtige sich ab; fiat injustitia, denkt er, na wenn schon, an einer Ungerechtigkeit in meinem kleinen Falle non peribit mundus. Ein Berliner hat offenbar nicht so gedacht: das Urteil des

FG Berlin vom 10.05.1985 (EFG 1986 S. 111) besagt, die Abschreibung auf einen aktivierten Geschäftswert sei «auch dann noch zulässig, wenn sich der Erwerber auf eine Fehlmaßnahme, d.h. auf Umstände beruft, die schon vor der Aktivierung am Ende des Erwerbsjahres vorhanden waren, aber erst später bewiesen werden können.» (Der Pflichtige war offenbar 1979 zu dem Ergebnis gekommen, daß seine Zahlung für einen 1977 erworbenen Geschäftswert eine Fehlmaßnahme gewesen sei; demgemäß hatte er den aktivierten Betrag in 1979 ausgebucht.) Das FG hat ihm Recht gegeben mit der Bemerkung, es könne der Ansicht des BFH nicht folgen, die dem Erwerber des Geschäftswerts die Berufung auf eine Fehlmaßnahme in späteren Jahren als dem des Erwerbs versage. Die Entscheidung berücksichtigt die Tatsache, daß auch die Mühlen des wirtschaftlichen Lebens langsam mahlen, das Ergebnis einer Maßnahme sich also oft genug nicht sogleich offenbart.

Gegen das Urteil ist Revision eingelegt worden; die Entscheidung des BFH wird viele Gesellschaften interessieren, in deren Steuerbilanzen seit Jahr und Tag ein Posten figuriert, dessen wirtschaftlicher Wert ebenso hoch ist wie der körperliche des Kropfs für einen Menschen. Späte Zeiten denken realistischer als ihre Vorfahren; des Königs neue Kleider halten sie nicht für Wertobjekte. Denn was man nicht wahrnehmen kann, existiert nicht.

Fünf Pfennige oder Mißtraue dem Kleingedruckten nicht zu sehr

Der Steuerpflichtige, im Zuge der Ausfüllung seiner Umsatzsteuervoranmeldung am Ende des Formulars angelangt, will nach korrekter Ermittlung des Vorauszahlungsbetrages die Feder aus der Hand legen, als ihm der kleingedruckte Satz unter der von ihm mit 49,82 DM angegebenen Steuerschuld ins Auge springt, der da lautet: «Kann auf 5 Pfg. abgerundet werden.» Der Mann, von seiner Regierung in den letzten Monaten pausenlos aufgefordert, Kleingedrucktem zu mißtrauen, beginnt, heftig Arges zu wöhnen. Ein Betrag von fünf Pfennigen, auf den abgerundet werden kann, denkt er, ist einer, dessen letzte Zahl eine Fünf ist. Die Sieben ist keine Fünf, die Zwei auch nicht, die Null ist überhaupt keine Zahl, sondern die Inhaberin einer Leerstelle. Der zur Steuerzahlung Verpflichtete schließt also messerscharft: 49,75, die nächste Zahl unterhalb von 49,82 DM mit einer Fünf am Ende, sei die, auf die er abzurunden habe.

Doch schon melden sich Bedenken. Zwar hat Molière gesagt, die Sprache sei dem Menschen gegeben, um seine Gedanken auszudrücken, aber Talleyrand hat gemeint, der Mensch solle mit Hilfe der Sprache seine Gedanken verbergen, und Heine schließlich hat erklärt, man könne die Sprache auch gebrauchen, um darzutun, daß man überhaupt keine Gedanken habe. Wer von den drei Autoren, fragt sich der deutsche Steuerpflichtige, hat bei der Abrundungs-Ermächtigung Pate gestanden? So ganz auf sich angewiesen kommt er zu dem Ergebnis, daß im Anfang nicht das Wort war, sondern das, was mit ihm möglicherweise gemeint worden ist. Diese Überlegung veranlaßt ihn, der Null, sofern sie einer Zahl folgt, ebenfalls Rang und Status der Zahl zuzubilligen und die Abrundungsbefugnis dort enden zu lassen, wo die nächste durch fünf teilbare Zahl auftritt. Er ringt sich dazu durch, nicht 49,75 DM, sondern 49,80 DM zu zahlen. Seine Handlungsweise ist als staatspolitisch überzeugend zu bezeichnen und sichert ihm die allgemeine Sympathie.

Die Frau als Reisegefährtin

Nach § 12 Nr. 1 Satz 2 des Einkommensteuergesetzes (EStG) sind Aufwendungen für die Lebensführung, die die wirtschaftliche ... Stellung des Steuerpflichtigen mit sich bringt, steuerlich auch dann nicht abzugsfähig, wenn sie der Förderung des Berufs dienen. Die Rechtsprechung zu dieser Frage, die analog auch bei § 4 EStG auftritt, hat einen Umfang angenommen, der ihre Einheitlichkeit seit langem gefährdet. Ursache ist die Schwierigkeit der Unterscheidung zwischen dem beruflichen und privaten Charakter derselben Aufwandsart; das reicht vom Konzertbesuch des Musiklehrers über den Fernsehapparat des Schriftstellers bis zur Waschmaschine des Arztes. Doch beliebtestes Streitobjekt ist seit Jahr und Tag die Behandlung von Reisekosten aller Art.

Die meisten Reisen, bei denen das Problem für die Rechtsprechung akut wird, sind Studienreisen, Reisen also, die im Zusammenhang mit der beruflichen Förderung des Steuerpflichtigen stehen. Über einen anderen Tatbestand hat mit Urteil vom 25.8.1981 das Finanzgericht Münster entschieden; den Leser, der nur ein wenig von der Rechtsprechung in Sachen Werbungskosten weiß, ergreift schon bei der Lektüre des Tatbestandes Hochachtung ob des Mutes, mit dem ein Oberstudienrat in den aussichtslosen Kampf gezogen ist. Der Lehrer unternahm mit zwei seiner Klassen eine Fahrt nach Österreich; da der Staat ihm die Reisekosten nicht erstattete, machte er sie als Werbungskosten geltend. Das Finanzamt ließ den Abzug zu. Notwendig war aber, offenbar aufgrund pädagogischer Vorschriften, eine zweite Begleitperson, um deren Benennung die Schulbehörde den Lehrer ersuchte. Wer möchte einen Stein auf diesen werfen, weil er der Versuchung erlag, für diesen Posten seine Ehefrau vorzuschlagen? Vielleicht bedachte er nicht, daß er damit den Berufsbereich verließ und sich in das gefährdete Gebiet der privaten Lebensführung begab. Möglicherweise glaubte er auch, für die Steuerbehörde sei, wenn ein Mann eine Begleitperson auf die Reise mitnehmen mußte, Frau gleich Frau. Es spricht für ihn, daß er offensichtlich von den steuerlichen Irrungen und Wirrungen nichts geahnt hat, die durch jede Frau entstehen können, die einen Mann auf einer Berufsreise begleitet.

Das Finanzgericht Münster hat die Reisekosten der Ehefrau des Lehrers nicht als Werbungskosten des Mannes anerkannt – nicht zuletzt deshalb, weil dieser nicht verpflichtet war, die Kosten der zweiten Begleitperson zu tragen. Wie aber hätte das Gericht entschieden, wenn der Lehrer eine ihm fremde Begleitperson nur unter der Bedingung hätte finden können, daß er deren Kosten übernahm?

Die Urlaubskomponente

Das Wort ist nicht schön, und ich benutze es nur ungern. Aber es findet sich in dem Urteil des Finanzgerichts Rheinland-Pfalz (EFG 1977 Se. 525), das der Bundesfinanzhof am 31.7.1980 (IV R 153/79) bestätigt hat. Die Urlaubskomponente ist der Anteil der dem Vergnügen und der Erholung gewidmeten Zeit im Rahmen einer angeblich beruflich veranlaßten Tätigkeit an einem Ort, der der Allgemeinheit meist nur als erstrebenswertes Ferienziel bekannt ist. Der Bundesfinanzhof hat in einer umfangreichen Rechtsprechung geklärt, daß die Kosten einer «gemischten» Reise dann Werbungskosten sind, wenn der private Zweck, z.B. also die Urlaubskomponente, nahezu völlig ausgeschlossen ist. Auf die Einzelheiten der Rechtsprechung braucht nicht eingegangen zu werden, da diese weithin bekannt sind.

Um so wunderlicher mutet der oben erwähnte Fall an. Das Finanzgericht hatte in völliger Übereinstimmung mit der ständigen höchstrichterlichen Rechtsprechung entschieden – rechtskräftig; Revision wurde aber nach Nichtzulassungsbeschwerde eingelegt und der Bundesfinanzhof so gezwungen, zu versichern, daß zweimal zwei beileibe nichts anderes als vier, und ausführlich zu begründen, warum das immer noch so ist. Von dem Redakteur einer der großen Zeitungen der Welt, der ver-

sehentlich dieselbe Meldung in zwei aufeinander folgenden Ausgaben seines Blattes gebracht hatte, hörte ich einmal das entschuldigende Bonmot: eine Nachricht, die wahr ist, läsen die Abonnenten gern zweimal. Dergleichen sollte man dem Bundesfinanzhof ersparen.

Der Fall, um den es in den oben genannten Entscheidungen geht: ein Ehepaar besucht zehn Jahre hintereinander in seiner Urlaubszeit Sprachkurse in England, Spanien, Portugal, Frankreich und Italien. In 1970, dem Jahr, auf das sich die Urteile beziehen, kosteten Aufenthalt und Reise 5 796,– DM, der Kurs 512,– DM; die Gegend, die besucht wurde, war «nicht uninteressant». Unzwei-

felhaft zuviel Urlaubskomponente, auch wenn dem Ehepaar die Kenntnis fremder Sprachen beruflich von Nutzen gewesen sein mag.
Weder das Finanzgericht noch der Bundesfinanzhof ist übrigens auf die Frage eingegangen, ob Kurse im Ausland nicht ein nur wenig geeignetes Mittel zur Erlernung von Fremdsprachen und schon deshalb als Werbungskosten abzulehnen sind. Ein Herr, den ich vor fünfzig Jahren als Leiter eines großen Unternehmens kennenlernte, und der sechs Fremdsprachen beherrschte, hielt nichts von Sprachkursen, sondern schwor auf das, was er das «Studium auf dem Kopfkissen» nannte. Aber das ist kein Rat für jeden. Der Mann war Junggeselle.

Rechtsbehelfsfristenlehre

Auch dieses Wort ist nicht schön, die Sache aber auch nicht. Daß der Ablauf einer Frist nur ermittelt werden kann, wenn ihr Beginn bekannt ist, darf als unumstößliche Wahrheit gelten. Was in letzter Zeit den Beginn von Rechtsbehelfsfristen nach § 157 A und nach § 55 FGO in Dunkel hüllt, ist offenbar der mit den Maßnahmen zur Verwaltungsvereinfachung Hand in Hand marschierende Verzicht auf Angaben in Steuerbescheiden, die in der paradiesischen Vor-Automations-Zeit auch der Gruppe von Steuerpflichtigen die jederzeitige Ermittlung eines Fristbeginns gestatteten, die auf den ihnen übermittelten Bescheiden nicht das Eingangsdatum zu vermerken pflegen oder dies nicht immer können. Der Rechtsprechung der letzten Jahre zugrunde liegende Tatbestände deuten für die Zukunft eine unerfreuliche Entwicklung – nicht zuletzt wegen der Zahl unserer mit dem Ablauf steuerlicher Verwaltungstätigkeit nicht vertrauten Gastarbeiter – an.

Das Finanzgericht Düsseldorf hat am 17.11.1972 eine Rechtsbehelfsbelehrung als unzureichend bezeichnet, weil der angegriffene Bescheid den Tag der Aufgabe zur Post nicht erkennen ließ.

Das Niedersächsische Finanzgericht hat am 29.4.1974 eine Belehrung als ausreichend bezeichnet, obwohl der

zugehörige Bescheid kein Datum trug, sondern den Hinweis «Datum des Poststempels».
Der Bundesfinanzhof hat am 29.10.1974 das Urteil des Finanzgerichts Düsseldorf vom 17.11.1972 aufgehoben. Der brieflich zugehende Bescheid, heißt es, brauche keinen Hinweis darauf zu enthalten, wann er zur Post gegeben worden ist. Der Entscheidung hat Späth in BB 1975 S. 697 widersprochen. Er ist der Meinung, der Gesetzgeber habe das Problem zu lösen; dabei verweist er auf die unvermeidliche Auswirkung der Automation.
Das Finanzgericht Nürnberg hat es am 30.6.1976 für allgemein notwendig erklärt, daß ein manuell gefertigter Steuerbescheid, der als einfacher Brief versandt wird, das Datum der Aufgabe zur Post trägt.
Das Niedersächsische Finanzgericht hat am 6.11.1980 die Rechtsbehelfsfrist als nicht in Lauf gesetzt betrachtet bei einem maschinell gefertigten Bescheid, der statt des Datums den Vermerk «Datum des Poststempels» und den gedruckten Hinweis trägt: «Bitte Briefumschlag aufbewahren! Wichtig für Rechtsbehelfsfrist!» Gegen die ausgezeichnet begründete Entscheidung des Finanzgerichts ist Revision eingelegt worden.
Der im letztgenannten Urteil erwähnte Tatbestand legt ein Problem offen, dessen Bedeutung über die Frage, ob Bescheide zu datieren sind, und wenn ja, wo, ziemlich weit hinausgeht. Wir erfreuen uns als Nation des Rufs, Freunde oder, wenn nicht gerade Freunde, jedenfalls ergebene Diener einer Lebensführung zu sein, der die Form mehr gilt als der Inhalt, daher denn auch die Gerechtigkeitsprinzipien, nach denen wir unsere Steuern zu leisten haben, die Züge edelster Sophismatik tragen. Sollte sich damit etwa vereinbaren lassen, daß

einem Briefumschlag – einem Objekt also, dessen naturgegebene Aufgabe nur darin besteht, Wesentliches zu verhüllen, ehe sein Leben im Papierkorb endet – durch den Datumstempel eines Postbeamten die Weihe zur Urkunde widerfährt?

… dann kommt die Moral

So wenig es betriebsdemokratischer Moral entspricht, wenn ein Arbeitnehmer, um als Vertreter seiner Kollegen im Aufsichtsrat gewählt zu werden, sich zu wenn auch mittelbaren Zuwendungen an die Wähler verpflichtet, so sicher ist es, daß dies gleichwohl geschieht. Mit dem Urteil vom 15.1.1970 – IV R 32/69 hat der Bundesfinanzhof, offenbar gestützt auch auf moralische Erwägungen, es abgelehnt, die Wahl eines Aufsichtsratsmitgliedes als kommerzielle Angelegenheit zu betrachten; in der Erfüllung der Verpflichtung des Gewählten seinen Gläubigern gegenüber sah er einen Vorgang, der «grundsätzlich» (eines der verhängnisvollsten Worte deutscher Sprachkunst) in den Bereich der Lebenshaltung gehört. Nun sind ja Moral und steuerliche Erwägungen schon in der Theorie in sehr verschiedenartigen Geistesbezirken angesiedelt – in der Praxis erst recht. Die Fachleute haben daher dem Urteil vom 15.1.1970 nahezu einstimmig widersprochen.

Die Entscheidung des Bundesfinanzhofs vom 9.10.1980 – IV R 81/76 bricht mit der am 15.1.1970 vertretenen Rechtsauffassung, indem sie besonderes Gewicht auf die Tatsache legt, daß der ein Aufsichtsratsmandat erstrebende Arbeitnehmer mit der Verpflichtung zur Abführung der ganzen oder teilweisen Vergütung Aufwendungen übernimmt, «die er zur Erlangung dieser Einkunftsquelle machen muß» – diese sind aber (ebenfalls «grundsätzlich») als Betriebsausgaben anzusehen. Warum sie es nur grundsätzlich, nicht aber ohne Ausnahme sind, sagt der Bundesfinanzhof auch; er läßt nämlich die soeben gebrochene Rechtsprechung von 1970 nicht völlig fallen, indem er den «grundsätzlich» als Betriebsausgabe des gewählten Kandidaten zu betrachtenden Zahlungen an das Wahlvolk die Abzugsfähigkeit versagt, wenn die Beschenkten, was ihnen da zufließt, für Zwecke verwenden, in die die Lebensführung hineinspielt. Verpflichtet sich der Kandidat nämlich zu Zahlungen an eine Urlaubskasse, die Erholungsbeihilfen verteilt, so ist sein Beitrag (als betrieblich veranlaßt) Betriebsausgabe, obwohl doch der Urlaub sicherlich zur Lebensführung gehört; sagt der Kandidat die Finanzierung geselliger Veranstaltungen der Wähler aus seiner Aufsichtsratsvergütung zu, so werden die Lebensführungsfreuden der Kollegen solche des Spenders; ob Zuwendungen des Kandidaten an gewerkschaftliche Einrichtungen Betriebsausgabe sind, ist noch nicht entschieden. Entschieden, implicite entschieden dürfte aber sein, daß es Fälle geben kann, in denen die steuerliche Situation eines Pflichtigen vom Verhalten eines Anderen abhängt. So gelangt das Moralische vielleicht wieder zur gebotenen Selbstverständlichkeit.

Varietas delectat?

Ärztliche Psychotherapeuten (Seelenheiler) und Psychagogen (Seelenführer) tun sich schwer mit ihren Patienten, nichtärztliche außerdem mit der Umsatzsteuer. § 4 Nr. 14 UStG, der die Befreiung der in Heilberufen Tätigen von der Umsatzsteuer dekretiert, gedenkt ihrer nicht. Somit ergab sich die Notwendigkeit – das Wort ist beileibe nicht ernstgemeint – der folgenden Korrekturen.

Mit Erlaß vom 14.2.1968 wurde die psychotherapeutische Tätigkeit der nicht ärztlich Vorgebildeten zur «ähnlichen heilberuflichen Tätigkeit» erklärt.

Am 25.3.1977 entschied der Bundesfinanzhof, die Anerkennung der Ähnlichkeit eines strittigen Berufs mit einem Vergleichsberuf hänge davon ab, daß der erste die typischen Merkmale des zweiten enthalte.

Daraufhin (?) wurde am 7.7.1977 der Erlaß vom 14.2.1968, soweit er die nicht als Ärzte oder Heilpraktiker tätigen Psychotherapeuten betrifft, aufgehoben.

Mit Schreiben vom 29.12.1980 wurde die am 7.7.1977 vertretene Auffassung in folgender Form fallengelassen: eine berufsrechtliche Regelung, die auch den nichtärztlichen Psychotherapeuten und Psychagogen den Zugang zur eigenverantwortlichen Ausübung der Heilkunde eröffnet, gebe es nicht, gleichwohl sei es mit den geltenden berufsrechtlichen Regelungen vereinbar, daß die nichtärztlichen Psychotherapeuten und Psychagogen ihre heilkundliche Tätigkeit «auf Grund der Zuweisung von Patienten durch einen Arzt und unter dessen Verantwortung» ausüben. Da käme ja, wenn er nur den hilfsbereiten Arzt fände, sogar der Heilgehilfe Neumann zum Zuge. Zumal im Schlußsatz des Schreibens vom 29.12.1980 auf die Verantwortung des Arztes kurzerhand verzichtet wird: es könne, heißt es, die Tätigkeit der nichtärztlichen Psychiater als eine steuerbefreite Tätigkeit im Sinne von § 4 Nr. 14 UStG angesehen werden, soweit die durch den Arzt erfolgte Zuweisung der Patienten glaubhaft gemacht werde. Die bloße Zuweisung der Patienten durch einen Arzt als Grundlage der typischen Merkmale von strittigem und Vergleichsberuf: das ist ja wohl ein Fehlschluß an der Gruppe petitio principii, widerspricht auch der – vielleicht angreifbaren – Unterscheidung des Bundesfinanzhofs zwischen Beruf und Tätigkeit. Diese Art von Abwechslung in der Beurteilung eines nicht gerade komplizierten Sachverhalts durch einen Zeitraum von zwölf Jahren hindurch kann kaum die Veranstalter erfreuen, beunruhigt allenfalls psychisch Leidende und ihre nicht ärztlichen Betreuer sowie deren Steuerberater und Veranlagungsbeamte.

Ein Danaergeschenk?

Die Entscheidung ist von bemerkenswerter Kürze. Sie ist seitens des BFH am 30.06.1983 ergangen und lautet: «Die Aufwendungen einer gewerblich tätigen Personengesellschaft für eine überregionale Tageszeitung (gemeint ist natürlich: ‚für den Bezug derselben') sind grundsätzlich nicht als Betriebsausgaben abziehbar.» Auch die Begründung des Urteils ist kurz; wer sie – wie der Autor dieser Zeilen – mehrfach und sorgfältig gelesen hat, dem drängt sich das Wort «apodiktisch» unabweisbar auf. Das Urteil betrifft die Bezugskosten der FAZ; vielleicht kam es dem IV. Senat nicht zuletzt auch darauf an, es hier noch ohne nähere Begründung «dahinstehen» zu lassen, ob er sich der Entscheidung des VI. Senats vom 12.11.1982, die die Bezugskosten des «Handelsblatts» betrifft, anschließen könne.

Dem Urteil des IV. Senats zu widersprechen ist schwer, und wer es rezensiert, bedauert nur, daß die Verwendung des Wortes «grundsätzlich» im Tenor manchen Steuerpflichtigen vermuten lassen kann, hier liege eine Schwäche vor, die von ihm unter bewußter Verletzung der steuerlichen Gerechtigkeit zum eigenen Vorteil ausgenutzt werden könnte. Dem ist nicht so; mit gläserner Klarheit ergibt sich aus dem Urteil, daß ein Wirtschaftsgut, das teils dem Betrieb, teils der privaten Lebensführung dienen kann, vom Bezieher dieser zuzurechnen ist, wenn die Teile des Wirtschaftsgutes, die der Lebensführung dienen *können*, großen Umfang haben, und zwar auch dann, wenn der Bezieher sie nicht zu erhalten wünscht oder keinen Gebrauch von ihnen macht, der Lieferant aber die Beschränkung der Lieferung auf die betrieblich benötigten Teile verweigert. In Fällen dieser Art bestimmt also der Lieferant eines Wirtschaftsgutes über dessen steuerliche Behandlung bei seinem Kunden. Einen Ausweg hat allerdings der BFH im Falle der FAZ gezeigt: wer zwei Exemplare bezieht, beweist, daß er eines betrieblich benötigt. Eine Zeitung aber beziehen, um sie nicht zu lesen? Wär' der Gedank' nicht so verwünscht gescheit, man wär' versucht, ihn herzlich dumm zu nennen, sagt Wallenstein.

Der Möglichkeiten von Konsequenzen aus der Entscheidung vom 30.06.1983 gibt es viele. Wie sind Körperschaften zu behandeln, die eine Mehrzahl von Exemplaren eines Blattes mit allzu vielseitigem Inhalt für die leitenden Personen beziehen? Gehören die Kosten der Illustrierten im Wartezimmer des Arztes zu dessen Betriebsausgaben, weil das Blatt der Beruhigung seiner Patienten dient, oder steht die Lebensführung im Vordergrund, weil die Ehefrau des Freiberuflers es gelesen haben könnte, bevor es in die Praxisräume gelangte? Und die Kosten des vom Musiklehrer für Berufszwecke beschafften Klaviers, das sich nicht verweigert, wenn sein Herr es zur Verschönerung seines Familienlebens mißbraucht? Und der Kaufmann oder Ingenieur, der mit einer Gruppe Gleichgesinnter zu einer Studienreise in die USA fährt, allwo ihm Möglichkeiten zur Veredlung der Lebensführung in Gestalt der Betrachtung der Niagarafälle oder des Besuchs der Metropolitan Opera geboten werden – Möglichkeiten, die auch bei wohlwollend-

ster Würdigung die FAZ-Leistungen in Politik, Kultur und Sport an Lebensqualität übersteigen. Ich bin nicht mißtrauisch, aber ich bin Skeptiker, also ein Enkel der Kassandra, und deshalb schreckten mich die Worte «ganz überwiegend aus betrieblicher Veranlassung», die das Urteil vom 30.06.1983 enthält. Wir waren so glücklich mit der Intimsphäre, deren Unantastbarkeit den Krieg mit der Apothekerwaage ausschließt. Aber die Worte «ganz überwiegend» im Zusammenhang mit der Bemerkung über das Urteil des VI. Senats vom 12.11.1982 erwekken Besorgnis.

Der mäßige Bestätigungsvermerk

Mehrdeutige Wörter stören die Präzision des Ausdrucks; das Wort «mäßig» beweist es, Ludwig Thomas «Einser-Assessor mit dem auch sonst nur mäßigen Verstand» ist nicht der Eigentümer eines seiner Vorbildung gemäß sein sollendes Verstandes, und wer mäßig trinkt, ist deshalb noch kein regelmäßiger (regelgemäßer) Trinker. Das Wort «gemäß» ist eindeutig; Unachtsamkeit im Gebrauch und Verfall der Sprache haben zur Verwischung des Unterschieds zwischen «mäßig» und «gemäß» geführt. Nicht überall freilich: das vorschriftsgemäße Verhalten gilt auch als vorschriftsmäßig, andererseits wird man eine zeitgemäße Erziehung nicht als zeitmäßig bezeichnen, und eine Zeugenaussage sollte stets wahrheitsgemäß, nicht aber wahrheitsmäßig sein. Mehrdeutige Wörter haben die Gepflogenheit, in der Vereinigung mit anderen gelegentlich einen Sinn durchscheinen zu lassen, der nicht gemeint ist. Er kann, wie das Wort «mäßig», abwertenden Charakter tragen.

Das AktG ist seit den Notverordnungen des Jahres 1931 mehrfach geändert worden, nie aber ist der Gesetzgeber auf den Gedanken gekommen, in dem mit «Bestätigungsvermerk» überschriebenen Paragraphen die «pflichtmäßige Prüfung» durch die «pflichtgemäße» zu ersetzen. Pedanterie sei dieser Tadel, sagen Sie, und auf

ein Wort komme es nicht an? Irrtum, Gesetze sollten Sprachgefühl und Exaktheit der Ausdrucksweise beachten; der Satz: «Die Leute wissen schon, was gemeint ist», gilt nicht.
Ich zog in den Kampf, Don Quixote und der Sturm im Wasserglas, das liegt jetzt 52 Jahre zurück, vergeblich, auch mein Hinweis auf den Standardkommentar der Herren Adler-Düring-Schmaltz zum AktG, die vom pflichtgemäßen Ermessen des Vorstandes sprechen, nutzte nichts. Ich griff zur Selbsthilfe, erteilte meine Bestätigungsvermerke «nach pflichtgemäßer Prüfung», sie fielen, im Reichsanzeiger veröffentlicht, auf, mißfielen sogar als ein Löcken wider den Stachel des Gesetzes, ich wurde vermahnt und gab, wenn auch zähneknirschend, den Kampf auf, ich vergaß im Lauf der Zeit sogar, was mich damals so tief bewegt hatte, in einem halben Jahrhundert fällt vieles unter den Tisch.
Vor kurzem nun stieß ich auf den Abdruck eines Vortrags, den ein hervorragender Kenner des Aktienrechts einige Wochen zuvor über Fragen aus diesem Gebiet gehalten hatte; der § 167 AktG war von ihm unter Verwendung des Wortes von der pflichtgemäßen Prüfung zitiert. In mir keimte Hoffnung, keiner der zahlreichen und ausschließlich sachkundigen Hörer hatte protestiert, ich war einige Zeit verreist gewesen, sollte der Gesetzgeber meine Abwesenheit benutzt haben, dem § 167 die vor so langer Zeit schon erstrebte Fassung zu geben? Kurzerhand schrieb ich dem Referenten. Seine Antwort vernichtete meine Annahme: auch mit ihm sei sicherlich das bessere Sprachgefühl durchgegangen, erwiderte er, der Text des Gesetzes jedenfalls sei nicht geändert. So bleibt mir nur die späte Befriedigung, daß

kein sachkundiger Hörer oder Leser des Referats die Unrichtigkeit des Zitats bemerkt hat, und die Hoffnung, daß Beanstandungen vielleicht erfolgt wären, wenn der Referent die gesetzmäßige (oder gesetzgemäße) Fassung vorgetragen hätte. Nicht gerade viel, aber die Hoffnung soll es ja sein, die das Leben erträglich macht.

Von der Abneigung des Verwaltungsaufwands, sich einschränken zu lassen

In einer Zeit, in der die Gesellschaftswissenschaft vor der Aufgabe steht, die ohne registrierte Arbeit, aber mit unregistrierter Erwerbstätigkeit beschäftigte Bevölkerungsschicht soziologisch einzuordnen, in einer Zeit, in der diese Schicht demonstriert, wie man durch massive Hinterziehung öffentlicher Abgaben Staatseinkünfte umverteilen kann, in einer Zeit, in der die Staatsprobleme die privaten Sorgen zu überschatten beginnen, in dieser Zeit –

Ja, in dieser schweren Zeit kann das Herz des rechtschaffenen Bürgers zuversichtlicher, vertrauensvoller schlagen, wenn er über den Tatbestand nachdenkt, den das FG Niedersachsen mit Urteil vom 26.10.1982 hat würdigen müssen. Verfügt er über eine eiserne Ration an Zitaten, wird ihm vielleicht der großväterliche Satz einfallen, nach dem es Merkmal und Verdienst des Deutschen sind, eine Sache um ihrer selbst willen zu tun. Denn in dem erwähnten Fall geht es um das nahezu blanke Nichts; der Leser spürt den Wunsch, die Sorgen des Veranlagungsbeamten zu übernehmen, der diesen Fall nicht aus der Welt geschaffen hat, ohne das FG zu bemühen.

Der Tatbestand ist simpel: ein Gastwirt ist Inhaber eines Telephonanschlusses mit zwei Apparaten; der eine steht in der Gaststube, der andere in der Privatwohnung. Von den Kosten – 960,– DM jährlich – betrachtet der Wirt 240,– DM als privaten Nutzungsanteil, das Finanzamt 480,– DM. Die Einkommensteuer, die auf die streitige Differenz entfällt, dürfte bei 70,– DM liegen.

Das FG hat dem Wirt recht gegeben – mit Gründen, die auch dem zuständigen Finanzamt bekannt gewesen sein dürften. Wozu also der Streit? Daß die Zahl der Klagen in Steuersachen mit Bagatellcharakter auch in einer Zeit wie dieser im Zunehmen begriffen ist, wird offenbar willig hingenommen. Da der Grund weder für die Behörden noch für die Pflichtigen finanzieller Art sein kann, bleibt wieder nur der Rückgriff auf die Psychologie. Handelt es sich einfach um Bequemlichkeit? Oder haben wir zu wenig ernsthafte Sorgen? Oder ist es vielleicht so, daß der Deutsche die sogenannte Konzilianz nicht liebt, das heißt: die Fähigkeit, die Argumente des Gegners objektiv zu prüfen? Oder empfindet er den Sieg des Gegners selbst in einer belanglosen Angelegenheit als Beweis der eigenen Minderwertigkeit?

Oder handelt es sich um späte Rudimente jenes raubritterlichen Empfindens, das in dem Satz gipfelt: «Nur keinen Streit vermeiden»? Oder ist es die Furcht vor der Verantwortung, mit der man sich durch eine selbständige Entscheidung belädt?

Von den Gründen der Verdrießlichkeit des Steuerzahlers

Wer annimmt, der einzige Grund des ständig wachsenden Überdrusses an der Tätigkeit der deutschen Finanzverwaltung sei die Höhe der Steuern, irrt; die Grundsätze zu ihrer Neuordnung (GNOFÄ) und Datenverarbeitung tragen, seit ihnen bei offensichtlichen Veranlagungsfehlern der Pelz des Sündenbocks übergezogen wird, zur schlechten Laune des Steuerpflichtigen bei. Schmid (BB 1978 S. 598 ff.) meint, die Schuld (vor allem oder ausschließlich?) der Verärgerung des Steuerpflichtigen liege im Föderalismus unseres Steuersystems, das die bundesweite Gleichmäßigkeit der Besteuerungspraxis nicht zu sichern vermöge. Überschätzung eines Nebenumstandes, scheint mir – wer, in München wohnhaft, erfährt schon, wie der genau gleichgelagerte Fall (gibt es den überhaupt?) seines Konkurrenten in Hamburg von der dortigen Finanzverwaltung behandelt wird? Und wenn die Finanzgerichte bemüht werden: auf sie beruft man sich ohne Ansehung von Landesgrenzen; schließlich gibt es ja auch noch den Bundesfinanzhof, der für die bundesweite Gleichmäßigkeit der Besteuerungspraxis sorgt.

Eine mir vorliegende Textausgabe (nicht etwa ein Kommentar) des Einkommensteuergesetzes 1977 ist über 1000 Seiten stark; 650 enthalten Text, Durchführungsverordnung und Richtlinien; der Rest entfällt auf mehr als 70 Nebengesetze, Erlasse, Schreiben von Verwal-

tungsbehörden usw., die für die Einkommensteuer-Veranlagung Bedeutung haben. Wer könnte bei einer solchen Fülle des zu beachtenden Stoffes die Verantwortung dafür übernehmen, daß die Besteuerungspraxis nicht bundesweit, sondern auch nur innerhalb der Finanzämter eines OFD-Bezirks gleichmäßig erfolgt? Das ist doch durch nur organisatorische Maßnahmen nicht zu lösen, sondern weitgehend auch eine Frage der menschlichen Erschöpfbarkeit. Nach § 168 der AO a.F. konnten Steuererklärungen mündlich abgegeben werden; Enno Becker hat schon früh bezweifelt, daß eine entsprechende Besetzung der Finanzämter erreicht werden könne: er hätte besser gesagt: «angestrebt werden solle». Aber beruht nicht unsere gegenwärtige Situation auf den immer fruchtloser werdenden Versuchen der Finanzverwaltung, auf ihrem ungeheuer umfangreichen Gebiet durch Bestimmung von Spielräumen, die nach Milimetern bemessen sind und deshalb nicht mehr allgemein wahrgenommen werden, zur absoluten Gerechtigkeit zu gelangen, die nirgendwo mehr sein kann als eine liebenswerte Utopie?
Durch das immer währende Streben nach Perfektion entstehen die Fehler, die sich seit einiger Zeit beängstigend mehren, und die die zahlreichen Steuerpflichtigen, die betroffen sind, verdrießlich machen – stärker jedenfalls als der Gedanke, man würde vielleicht, wohnte man in einem anderen Bundesland, anders, nämlich besser, behandelt werden. Solange der Eifer einer Gruppe, die andere mit immer neuen Anweisungen, Belehrungen und Erläuterungen zu versehen, nicht nachläßt, wird es auch mit Hilfe der GNOFÄ nicht gelingen, den Steuerzahler weniger verdrießlich zu machen.

Respice fidem

Eigentlich schließt der lateinische Spruch mit dem Wort «finem», aber «fidem» paßt hier besser, denn es ist vom Vertrauen die Rede – vom Vertrauen des kleinen Mannes zur Dame Justitia.

Man liest das Urteil des Bundesfinanzhofs vom 17.10.1979 mit Mißvergnügen. Der kleine Mann hat beim Finanzgericht erfolglos geklagt; mit seiner Revision behauptet er Verfahrensmängel, die er dem Senatsvorsitzenden des Finanzgerichts anlastet: der habe ihn eingeschüchtert, sei ihm bei der Beantwortung von Fragen wortabschneidend dazwischengefahren und habe sich in überheblicher und ironischer Form geäußert; so sei ihm in grober Weise das rechtliche Gehör weitgehend verweigert worden. Wer Kafka gelesen hat, kann sich die Situation vorstellen.

Der Bundesfinanzhof hat die Revision als unbegründet verworfen; er gibt zwar zu, daß der Kläger Gründe vorgebracht hat, «die – ihre Richtigkeit unterstellt – die Verhandlungsführung des Vorsitzenden Richters beim Finanzgericht als unsachlich erscheinen lassen könnten». Dennoch war der Bundesfinanzhof nicht in der Lage zu helfen, und wer die Bestimmungen der FGO kennt, wird ihm beipflichten müssen.

Keineswegs erfreut – das Mißvergnügen bleibt. Ver-

sucht man, ihm auf den Grund zu kommen, so entdeckt man, daß hinter jeder Rechtsfrage ein Mensch steht, dessen Probleme nicht mit Paragraphen, sondern mit Verständnis und Takt angefaßt werden müssen. Hobbes hat mit gutem Grund im Leviathan gesagt, es sei die Aufgabe des Richters, jeden geduldig anzuhören. Der Bundesfinanzhof hat die Frage, ob dies im vorliegenden Fall geschehen ist, nicht geklärt; er brauchte es nicht und – nach den Bestimmungen der FGO – durfte er es vielleicht nicht einmal. Aber er hat die Richtigkeit der Behauptungen des Klägers unterstellt; auch das mußte er wohl, wenn er diesen nicht der Lüge bezichtigen konnte. Bleibt also die Vermutung, daß mit diesem Urteil in der Tasche ein Mensch die Räume der Justitia in dem Gefühl verlassen hat, nicht die Schwäche seiner Argumente, sondern die Voreingenommenheit eines Richters habe ihn um sein Recht gebracht.
Merke: Das Gesetz ist hart, und ein Urteil, das nur gerecht ist, läuft oft Gefahr, um eine Kleinigkeit nicht gerecht genug zu sein.

Ein täglicher, nicht alltäglicher Rekord

Seit dem St.Änd.Gesetz 1971 sind Aufwendungen des Arbeitnehmers für Fahrten zwischen Wohnung und Arbeitsstätte ohne Begrenzung der km-Zahl mit Pauschalbeträgen als Werbungskosten abzugsfähig. Dennoch spielt die Frage, ob bei «sehr weiten Entfernungen» der § 9 Abs. 1 Nr. 4 EStG uneingeschränkt anwendbar ist, eine, wie es scheint, langsam wichtiger werdende Rolle, die den Skeptiker zu interessanten Vermutungen führt. Im Urteil vom 10.11.1978 hat der BFH den Fahraufwand als steuerlich abzugsfähig betrachtet, der «nach der allgemeinen Verkehrsauffassung» – wo findet man die? – als angemessen zu betrachten ist. Der BFH hat diese Meinung in dem Urteil im BStBl 1979 S. 648 modifiziert, nicht aber aufgegeben; die Kritik von Literatur und Finanzgerichten am vorhergegangenen Urteil war nicht zu überhören gewesen. Sie veranlaßte den BFH, seine Rechtsprechung erneut zu überdenken. Das Ergebnis ist der Satz im Tenor des Urteils vom 20.12.1982, der die Berücksichtigung der Fahrkosten zwischen Heimstatt und Arbeitsstätte nicht zuläßt, wenn die Entfernung so groß ist, daß ein Arbeitnehmer es arbeitstäglich auf die Dauer nicht auf sich nehmen würde, am selben Tage zur Arbeitsstätte hin und zurück zu fahren. Mit den Worten «ein Arbeitnehmer» ist wohl nicht einer gemeint, dem es auf ein paar hundert Kilometer täglich nicht ankommt, sondern ein sozusagen «idealtypischer», ein aus Meinung und Wünschen der Mehrheit der Arbeitnehmer genormtes Produkt; darauf lassen die Worte «auf sich nehmen *würde*» schließen. Auf sich genommen hat nun eine nach allgemeiner Meinung sicherlich unzumutbare Fahrleistung der Kläger im Rechtsstreit vor dem FG Bremen, der in den Jahren 1977 und 1978 arbeitstäglich von Bremen, wo er wohnte, nach Düsseldorf, wo er arbeitete, und zurück fuhr; er kam damit auf die Jahresfahrstrecke von 138 600 km in 1977 und von 142 560 km in 1978, bei einer Tagesleistung von 600 km. (Nichts für 35-Stunden-Wöchner.)

Ich habe mich dem Wunsch versagt, über die Psyche des hemmungslosen Fernfahrers nachzudenken, umso intensiver aber über das Urteil des FG-Bremen, das die Fahrkosten des Klägers als Werbungskosten anerkennt. Das Gesetz kannte bis 1971 eine Schranke, die stand bei 40 km Fahrstrecke; seitdem gibt, Palmström abwandelnd, «die Finanzvorschrift allen Fahrern freie Trift» – keine Schranken mehr, die Straßen sind besser, die Wagen schneller und damit die Entfernungen kürzer geworden. Das FG Bremen bezeichnet das Ergebnis, zu dem es gelangt ist, als «ungereimt» im Verhältnis zu dem oben zitierten Satz aus dem Urteil des BFH vom 20.12.1982. Ist das wichtig? Man kann daran zweifeln.

Das FG Bremen hat dem Fall grundsätzliche Bedeutung beigemessen und die Revision zugelassen. Der Beklagte hat aber offenbar von dem freundlichen Anerbieten, sein (vermeintliches?) Recht auf höherer Etage zu suchen, keinen Gebrauch gemacht, denn das Bremer Urteil ist in den EFG mit dem Vermerk «rechtskräftig» abgedruckt. Es ist, finde ich, immer amüsant, darüber nachzudenken, welche Konsequenzen diese oder jene Maßnahme, anders eingeleitet oder durchgeführt, gehabt hätte. Was wäre geschehen, wenn das FG Bremen dem Urteil des BFH vom 20.12.1982 gefolgt wäre und den Kläger abgewiesen hätte? Darf man annehmen, daß er von der Revision Gebrauch gemacht hätte, und könnte man also mit dem nochmaligen Überdenken des Wortlauts von § 9 Abs. 1 Nr. 4 EStG durch den BFH rechnen? Käme es dazu, sei es auch durch den Gesetzgeber, sollte man sich über eines klar sein: vor der modernen Technik verlieren Meßzahlen aller Art Sinn und Bedeutung. Die arbeitstäglich benutzten Beförderungsmittel werden Entfernung mehr und mehr in Nähe verwandeln. Der Rennfahrer aus Bremen beweist es.

Von den steuerlichen Grenzen der Wohltätigkeit

Es gibt Urteile der Finanzgerichte, deren Lektüre auch Lesern mit begrenzter Trauerfähigkeit Tränen des Mitgefühls in die Augen zu treiben vermag – seltener wegen der in ihnen vertretenen Rechtsauffassung, die allenfalls Kopfschütteln hervorruft, häufiger wegen des der Entscheidung zugrunde liegenden Tatbestandes. Um einen fall dieser Art geht es in dem Urteil des Hessischen FG vom 12.02.1985.

Jeder weiß, daß die dem Herzen wichtigste und daher vom Menschen am stärksten kultivierte Eigenschaft die sogenannte Nächstenliebe ist.

Aus der zitierten Entscheidung erfährt der nächstenliebende Leser, daß ein Steuerbürger der BRD der Bedürftigkeit der Steuerbürger der DDR durch Übersendung gebrauchter Kleidungsstücke an eine dort wohnende Familie abzuhelfen versucht hat. Er war – und kein Fühlender wird ihn deshalb verdammen – der Meinung, daß auch der Staat seinen Nächsten zu lieben, sich also an Wohltätigkeiten, die einer seiner Bürger dem eines anderen erweise, zu beteiligen habe. Er machte daher den Verlust, der ihm durch die Abgabe der gebrauchten Kleidung entstanden war, einkommensteuerlich als Unterhaltungsaufwand geltend.

Die Entscheidung des FG dürfte zu den kürzesten und zugleich inhaltreichsten gehören, die jemals ergangen

sind. Sie besteht aus sechs Sätzen; in jedem ist unter jeweiliger Bezugnahme auf gesetzliche Bestimmungen genau dargetan, weshalb die geschenkweise Überlassung ausrangierter Kleidungsstücke auch bei großherziger Betrachtungsweise nicht als Aufwendung aus dem laufenden Einkommen des nächstliebenden Steuerpflichtigen angesehen werden kann. Ein Satz der Urteilsbegründung wird jeden Ironiker erfreuen: allenfalls (!), heißt es, sei dem Kläger – ein Marktwert der verschenkten Kleidungsstücke unterstellt – ein Vermögensverlust entstanden. Wenn das ein Rat sein soll, an einer anderen Haustür anzuklopfen: wo könnte der Altkleiderspender seinen Verlust geltend machen? Gebrauchte Kleider sind – außer in einem Betrieb, der mit ihnen handelt – nicht vermögensteuerpflichtig.

Merke: Es gibt Verluste, bei denen der Versuch, sie zu vermeiden, zum Gesichtsverlust führt.

Bemerkungen zur Harmonielehre

Kurz nachdem ich zum letzten Male dem Traum von der abermaligen Vollziehung des Abiturienten-Examens an mir ausgesetzt worden war, vor etwa zwei Jahren also, drängte sich ein anderer Sohn der Hölle in meinen Schlaf: ich sei, behauptete er, zum Finanzrichter mit dem Schwerpunkt: «Musikinstrumente aller Art als einerseits Arbeitsmittel, andererseits Gegenstände des Privatvermögens im Rahmen der Lebensführung der deutschen Musiklehrerschaft» ernannt. Denk' ich an diesen Satz bei Nacht, so bin ich um den Schlaf gebracht. Die Lage ist tückisch, obwohl ältere Entscheidungen eine gewisse Harmlosigkeit vermuten lassen, indem sie von «der Beurteilung nach objektiven Gesichtspunkten» sprechen, oder von «den modernen Anschauungen», die es den Steuerbehörden verbieten, «den persönlichen Lebensbereich der Steuerpflichtigen in allen Einzelheiten zu erforschen»; auch die allzu häufige Verwendung so bedenklicher Worte wie «regelmäßig» und «grundsätzlich» verstärkte meinen Glauben an die deutsche Musiklehrerschaft, soweit ihre Mitglieder die für den Unterricht zweckmäßigen Utensilien aus eigenen Mitteln beschafften, als an eine Schwadron von Reitern über den Bodensee. Zwar schien eine gewisse Sicherheit der Lagebeurteilung einzutreten mit dem

Urteil des BFH vom 10.03.1978, das die Höhe des Aufwands für ein Instrument als Kriterium (Arbeitsmittel oder Gegenstand der Lebensführung?) betrachtet, aber die Möglichkeit ist seit dem Urteil des BFH vom 15.05.1981 überholt – nun geht es wieder um die unerforschlichen, Dritten möglicherweise sogar unverständlichen Gründe, die die Lehrerin A zum Kauf eines Klaviers (Preis nicht genannt), die Lehrerin B zur Beschaffung eines Flügels (Preis DM 15 744,–), die Lehrerin C zum Erwerb eines «kleinen» Flügels (Preis DM 25 375,–) veranlaßt haben. (Die Entscheidungen der Finanzgerichte – Fall A: Niedersachsen; Fall B: Köln; Fall C: Niedersachsen – sind in EFG 1982 S. 560 – 563 abgedruckt.)
In großen Zügen wurde für die Klägerin A negativ, für die Klägerin C positiv und rechtskräftig entschieden. Für die Klägerin B wurde positiv entschieden, hier schwebt aber Nichtzulassungsbeschwerde.
Kein Zweifel, daß die musikalischen Umstände der drei Lehrerinnen bis zur Unvergleichbarkeit verschieden sind; gerade daraus aber ergeben sich die Bedenken gegen die allzu minutiöse Erforschung des persönlichen Lebensbereichs, dessen Bewertung am Ende doch nur Frage des Ermessens von Menschen ist.
Es gibt eine Gerechtigkeit, die ihren guten Ruf dem geringen Gewicht ihrer Ungerechtigkeit verdankt. Mancher, der mit ihr zu tun hat, schläft unruhig.

Schwarzkünstlers Steuersorge

Georg Simmel hat schon am Anfang unseres Jahrhunderts in seiner «Philosophie des Geldes» auf die terminologischen Schwierigkeiten hingewiesen, die sich daraus ergeben, daß viele moderne Berufe nicht mehr durch konkrete, fest umrissene Inhalte bestimmt sind. Diese Entwicklung hat sich fortgesetzt; sie wird sich mit dem Anhalten der Arbeitslosigkeit verstärken, die ja immer die Suche nach Nebenbeschäftigungen begünstigt. Die Steuerbehörde wird durch den Vorgang berührt, wenn sie zu entscheiden hat, wo die Einkünfte aus solchen Tätigkeiten einzuordnen sind. Wie auch im folgenden Fall.

Das FG Rheinland-Pfalz hat am 13.12.1984 (EFG 1985, S. 128) einen Fall entscheiden müssen, der sich zweifellos durch Originalität auszeichnet. Von Schriftstellern, die Werbetexte fabrizieren, von Malern, die ihre Serienprodukte auf der Straße verkaufen, von Trauerrednern, die bei Beerdigungen den Pfarrer ersetzen, wissen wir: sie gelten in der Regel als Gewerbetreibende, nicht als freiberufliche Träger künstlerischer Ambitionen. Der Kläger aber, über dessen Stellung im deutschen Steuerrecht das FG Rheinland-Pfalz am 13.12.1984 zu entscheiden hatte, trug sogar in seiner Berufsbezeichnung das Wort «Künstler» mit sich, wenn auch ergänzt durch die Farb-

bezeichnung «schwarz» – es handelte sich um einen Magier. Dieser Mann, Angehöriger eines der ältesten menschlichen Berufe, hat dem Gericht, als es Proben seiner Kunst zu sehen wünschte, sicherlich keine Geisterbeschwörung vorgeführt, wie es die alten Perser oder Meder getan hätten, sondern vermutlich jene Kunststücke, die den Staatsanwalt auf den Plan rufen, wenn der Magier sie nicht auf einer Bühne, sondern im Gedränge der Kunden eines Warenhauses praktiziert.
Es mag sein, daß ich irre, aber ich habe mich beim Lesen der Entscheidung von dem Eindruck nicht befreien können, daß das FG die Beschäftigung mit diesem Fall als nicht sehr seriös empfunden hat. Das Urteil zwar ist abgedruckt, statt der eingehenden Begründung aber findet sich eine lakonische «Anmerkung», in der der Senat betont, daß Zauberer nun nicht etwa annehmen dürfen, sie seien grundsätzlich Künstler; nur die Arbeit des betroffenen Klägers habe nach der auf die fachmännische Beurteilung des (vereidigten) Sachverständigen gestützten Überzeugung des Senats künstlerische Qualität.
Was für ein romantischer Fall, dachte ich, in einer langsam austrocknenden Welt! Daß es so etwas noch gibt! Nur durch den Zauber bleibt das Leben wach, steht bei Stefan George.

Das Autogramma macht dir Pein?

Die Mahnung einer treusorgenden Hausfrau und Mutter an ihre Kinder, sie möchten sich nun ruhig verhalten, da der Vater seinen Namen schreiben müsse, entstammt der Zeit vor dem ersten Weltkrieg; sie offenbart einen Geist, den ganz unvermittelt nackt Ehrfurcht vorm Erhab'nen packt. Unsere Zeit kennt solche Regungen nicht mehr; daß das FG des Saarlandes (EFG 1985, S. 186) sich mit der Frage hat beschäftigen müssen, welche Anforderungen an die Lesbarkeit einzelner Buchstaben des Namens des Unterzeichners einer Klageschrift zu stellen sind, beweist die Gleichgültigkeit der Allgemeinheit gegenüber der menschlichen Bedeutung des Namens (eben nur Schall und Rauch) und seiner exakten Darstellung ebenso wie die Menge der vor dem FG zitierten Meinungen der Literatur zu diesem nicht nur juristisch, sondern auch kulturell wahrhaft bedeutsamen Problem. Das Urteil endet mit der Bemerkung, mindestens die Anfangs- und Endbuchstaben des Namens des Unterzeichners der Klageschrift seien zu erkennen. Das ist immerhin etwas.

Im ersten Weltkrieg habe ich noch ein paar Leute kennengelernt, die das Problem nicht berührt hätte; sie konnten nämlich nicht schreiben, nicht einmal ihren Namen. Einer von ihnen hieß Constabel; er bat mich eines Tages, ihm das Schreiben beizubringen – nein, nicht das des ganzen Alphabets; es genüge ihm, sagte er, wenn er seinen Namen schreiben könne, weil ihn die abfälligen Bemerkungen des Wachtmeisters ärgerten, wenn er, Constabel, seine Löhnung mit drei Kreuzen quittiere – sie nämlich stellten damals das Einheitssymbol der Leg- und Skriptastheniker dar. Merkwürdig war nur, als ich den Unterricht beendete, daß Constabel die Bedeutung der einzelnen Buchstaben seines Namens nicht erfaßt hatte, diese vielmehr vor seinem Auge wie ein Bild standen, aus dem er keinen einzelnen hätte herauslösen können. Den Namen als Ganzes schrieb er aber perfekt; keine Finanzbehörde hätte seine Unterschrift beanstandet.

Am Tage, an dem ich das erwähnte Urteil des FG des Saarlandes las, erhielt ich von einer Bank einen Brief, der, wie es nun einmal üblich ist, unterschrieben war. Die Unterschrift bestand allerdings nicht aus Buchstaben, sondern aus einem Strich, der von links unten nach rechtsoben, von dort im Winkel von etwa 90 Grad wieder nach unten führte, wo er neben einem Punkt endete. In einer Druckzeile wurde bekanntgemacht, die Mitteilung sei von nur einer Person unterschrieben, was angesichts ihrer Verkürzung kaum noch überraschen konnte.

Die Zeiten, dachte ich – nein, die Menschen haben sich geändert. Was wäre meinem Schüler Constabel geschehen, wenn er gewagt hätte, den Empfang seiner Löhnung mit einem Strich nebst Punkt zu bestätigen? Aber könnte nicht ein dem Nachdenken nicht völlig abholder Gesetzgeber einen Weg finden, auf dem sich die Frage, ob Herr X eine Klageschrift wirklich unterschrieben habe, billiger – für den Staat billiger, meine ich – klären ließe als durch ein Verfahren vor dem Finanzgericht?

Vom Dilemma des Gesetzgebers

Mit Gefühlen, die, je nach der psychischen Grundeinstellung, von abgrundtiefer Skepsis bis zu himmelhoch jauchzender Hoffnungsfreude reichen, erfährt der deutsche Leser, daß – im Zusammenhang mit der sogenannten Flickaffäre – Männer ernsthaft diskutierend erwägen, ob nicht durch eine genauere Fassung des doch schon recht bejahrten § 6 b EStG dessen Mißbrauch ausgeschlossen werden könne. Wer die geltende Fassung des Paragraphen nicht kennt, ein Laie also, studiere sie rücksichtslos und eifrig – er wird am Ende mindestens begriffen haben, daß der Gesetzgeber angesichts der menschlichen Unfähigkeit, alle in der Zukunft möglichen Tatbestände vorauszusehen, für die die Anwendung des im § 6 b EStG zugrundeliegenden Gedankens in Betracht kommt, auf die sattsam bekannten Vokabeln (besonders förderungswürdig, ausschließlich oder fast ausschließlich, Tätigkeiten dieser Art usw.) zurückgreift, die jeder benötigt, der einen Sachverhalt nicht genau, sondern nur ungefähr zu beschreiben vermag. Die Verantwortung der Entscheidung trägt dann, wenn der Streit ausgebrochen ist, der «Ermesser».

Männer, die über die «genauere» Fassung des § 6 b EStG diskutieren, sollten sich fragen, ob ihr Problem nicht das der modernen Gesetzgebung überhaupt und demgemäß unlösbar ist. Wachsen uns nicht, ohne daß wir sie zu hindern vermöchten, die in unserem komplex-komplizierten Dasein nicht voraussehbaren Tatbestände über die zu hoch getragenen Köpfe? In einem einigermaßen anspruchsvollen Kommentar dürfte die Erläuterung eines einzigen Paragraphen aus unserem Wirtschafts- oder Steuerrecht leicht den Raum von hundert Druckseiten beanspruchen. Über die zehn Gebote aber hat nach meiner Kenntnis noch kein Fachmann klärende Worte geschrieben. Daß sie deshalb so eifrig übertreten worden sind und werden, halte ich für unwahrscheinlich.

Die Pistole – kein Arbeitsmittel

Die Überschrift läßt die Vermutung zu, daß hier von dem Fall eines Mannes gesprochen werden soll, der, obwohl beruflich als Verbrecher tätig, sich steuerlich jedenfalls korrekt zu verhalten wünscht und daher eine Einkommensteuererklärung anfertigt, in der seine zur Erwerbung der Einnahmen notwendige Pistole als Aufwendung für Arbeitsmittel im Sinne von § 9 Abs. 1 Nr. 6 EStG erscheint. Dem ist nicht so; vielmehr handelt es sich um die Pistole, die ein Richter für Strafsachen, weil er sich bedroht fühlte, erworben und steuerlich als Arbeitsmittel seinen Werbungskosten zugerechnet hat. Das Finanzgericht Freibung hat mit Urteil vom 26. Juli 1979 (EFG 1979 S. 546) der Pistole des Richters die Qualifikation als Arbeitsmittel abgesprochen; da der Fall nicht revisibel ist, wird er nicht an den Bundesfinanzhof gelangen. Schade.

Denn der Begründung des Freiburger Urteils merkt man an, daß die Entscheidung auch dieses unerfreulichen Grenzfalles von Lebenshaltung einerseits und Beruf andererseits den Richtern nicht leicht gefallen ist; es sei zwar, sagen sie, ein gewisser Zusammenhang mit der Berufsausübung gegeben, indessen müsse berücksichtigt werden, daß der Schutz des eigenen Lebens und des Lebens der Familienangehörigen dem außerberuflichen

Bereich angehört. Auch dann, möchte man fragen, wenn die Bedrohung, die den Richter zum Kauf der Pistole veranlaßt hat, nur aus seiner Tätigkeit als Strafrichter resultiert? Das ständige Führen einer Pistole in Schulterhalfter oder Rocktasche mag in Kreisen der Westernhelden als der Lebensführung zugehörig betrachtet werden, in den zivilisierten Teilen Europas nicht. Deshalb dürfte auch der Satz der Begründung des Freiburger Urteils fehlgehen, der besagt, daß dem Richter die Waffe nicht (nur) bei der Ausübung des Berufs – natürlich nicht, denn da passen die Wachtmeister auf –, sondern (auch) außerhalb der beruflichen Tätigkeit – zwar außerhalb, aber wegen – zur Abwehr von Angriffen dienen soll.

Die Kosten einer Pistole sind nicht hoch, aber darum handelt es sich nicht. Das Ganze ist mehr eine Frage des Gemüts, scheint mir; der Richter kann dem Waffenhändler die Pistole zurückbringen und über den tiefsinnigen Satz des Schusterjungen nachdenken, der sagt: «Es geschieht meinem Vater ganz recht, wenn ich mir die Hände erfriere; warum kauft er mir keine Handschuhe?» Er kann auch seine Bedrohung mildern, indem er seine Kundschaft billiger bedient. Und schließlich kann er sich an eine Zivilkammer versetzen lassen. Doch bleibt ein Erdenrest zu tragen. Peinlich.

Schwach sind wir alle

Der Satz stammt von Shakespeare, ist also um 1600 geschrieben; er ist ebenso unrichtig wie alle Sätze, deren Bedeutung hauptsächlich in ihrer Diskutierbarkeit besteht. Auch Shakespeares Behauptung ist von nur relativer Gültigkeit; das kam mir zum Bewußtsein, als ich die beiden Entscheidungen des Hessischen Finanzgerichts vom 24.01.1985 und vom 26.02.1985 las. In beiden Fällen handelt es sich um die Frage, ob Kosten steuerlich als Werbungsaufwand zu betrachten sind, die einem Lehrer aus der Teilnahme an Kursen mit dem Ziel der «Verringerung der neurotischen Ängste der Lehrer gerade und ausschließlich in bezug auf den Umgang mit Schülern» entstehen. Neurotische Ängste, ich dachte an die Herren, die mich von 1907 bis zum Abitur im Jahre 1915 sozusagen in das damals angekündigte «Jahrhundert des Kindes» geleitet haben – nein, da war keiner, dem ich neurotische Ängste vor mir und meinen Kameraden zutrauen oder vorwerfen dürfte; sie waren schon bei ihrem Auftauchen jugendfrisch frech und wurden, sich eingewöhnend, nur immer frecher.

Das Hessische Finanzgericht – vielleicht in dem Gefühl, daß es immer noch ein paar Leute gibt, die nie mit einem neurotisch ängstlichen Schulmeister zu tun gehabt haben, zitiert zu deren Information im Urteil vom

26.02.1985 aus dem Programmheft des Angstneurosebekämpfungskurses für Lehrkräfte einige Sätze: «es geht darum, das besondere Verhältnis Schüler – Lehrer im Hinblick auf das Ziel der Ausbildung der Schüler dahin gehend zu optimieren, daß die Lehrer auf der einen Seite lernen, Mitteilungen des Schülers nicht nur verbaler Art zu verstehen und auf der anderen Seite auch in die Lage versetzt werden, sich selbst den Schülern in einer diesen verständlichen Art, unter Umständen unter Überwindung eigener Ängste mitteilen zu können.»
Hier gibt es viel zu monieren, scheint mir; was ist denn das «Besondere» am Verhältnis Lehrer – Schüler, nichts als Kommunikation zwischen verschiedenen Altersstufen, kommt im Leben überall vor. Und das soll optimiert werden – vor 70 Jahren hätte man sich mit der Bildung vortäuschenden Latinisierung lächerlich gemacht, die Verbindung zwischen Lehrer und Schüler beruhte noch auf dem Vers, den Goethe als Motto für «Dichtung und Wahrheit» gewählt hat, ein unbequemes, möglicherweise nicht mehr zeitgemäßes Optimum.
Das Finanzgericht hat die beiden Fälle salomonisch entschieden: setzt sich der Kursteilnehmerkreis nur aus Lehrkräften zusammen und behandelt er nur das Lehrer-Schüler-Verhältnis, sind die Kosten steuerlich abzugsfähig, ist der Teilnehmerkreis offen und die Thematik nicht speziell auf die berufliche Situation der Lehrkraft zugeschnitten, sind die Kosten privater Aufwand.
Salomo hat die beiden Fälle entschieden, rechtskräftig, er könnte sie als erledigt betrachten. Aber er ist unzufrieden – hätte ich, fragt er sich, die zweifellos mehrdeutigen Fälle auch anders entscheiden können, ohne meinen

Urteilen das Salomonische zu nehmen? Ist es wirklich ausschlaggebend, wie sich der Kreis zusammensetzt, in dem ein Mensch um die Fähigkeit zur Überwindung seiner Angst ringt? Und ähnelt nicht die Angst der Kläger in den von mir entschiedenen Fällen so sehr der aller ihrer Zeitgenossen, daß es ohne Belang ist, von wannen der Trost zu ihnen kommt? Ich habe mich geirrt, dachte Salomo; solomonischer wäre es gewesen, beide Kläger abzuweisen. Denn sie hätten als Lehrer wissen müssen, daß dem Menschen durch Zureden Angst ebenso wenig abgenommen werden kann wie Geld.

Ein Touristikproblem

Wenn jemand eine Reise tut, so kann er was erzählen, steht bei Matthias Claudius; erzählen, was er will, möchte ich unter Vorwegnahme der Meinung von Heine (siehe weiter unten) sagen. Wenn das Erzählen die berufliche Tätigkeit des Reisenden darstellt, müssen die Reisekosten „konkreten Bezug“ zu der erzählerischen Tätigkeit des Reisenden haben, um steuerlich BA (Betriebsausgaben) zu sein, steht im Urteil EFG Nr. 632. Der Kläger in dieser Sache hat drei Jahre an einer Romantrilogie gearbeitet; diese Tätigkeit hat Quellenstudium und Reisen – zusammen mit seiner Ehefrau – umfaßt, deren Kosten nach seiner Meinung als BA betrachtet werden müssen. Das FG Rheinland-Pfalz hat dieser Ansicht widersprochen; es hat Einsicht in das ihm vorgelegte Werk genommen, den oben erwähnten konkreten Bezug aber nicht bemerkt. Da die Trilogie mir unbekannt ist, weiß ich nicht, von welchem Land sie erzählt. Doch fiel mir, als ich das Urteil las, die Bemerkung eines deutschen Dichters ein, deren Beachtung in ähnlichen Fällen künftighin die Suche nach konkreten Bezügen erleichtern oder sogar unnötig machen könnte. Es ist bekannt, daß sich über kein Land der Erde größere Erzählerströme ergossen haben als über das, in dem die Citronen blühn; sie haben nicht mit Goethe zu fließen

begonnen und nicht mit Thomas Mann geendet. Auch Heine hat, noch zu Lebzeiten Goethes, ein Buch mit dem schlichten Titel „Italien“ geschrieben; in ihm findet sich eine Bemerkung, die die Freunde konkreter Bezüge enttäuschen, vielleicht aber auch erfreuen wird. Es gebe, sagt Heine, nichts Langweiligeres, als eine italienische Reisebeschreibung zu lesen – außer, eine zu schreiben – und der Autor könne die Langeweile für den Leser nur erträglich machen, indem er von dem Objekt seiner Darstellung so wenig wie möglich spreche. Die Worte von Heine dürften sich nicht nur auf die Beschreibung von

Reisen nach Italien beziehen – stimmt man dem zu, hätte Matthias Claudius nicht für jede Reise recht, und der Kläger im Fall EFG 1984 Nr. 632 gewänne die vom Gericht vermißten konkreten Bezüge eben dadurch, daß er sie nicht verwertet, sondern durch andere Eindrücke, Überlegungen, Gedanken ersetzt. Das wäre dann eine Art Hexen-Einmaleins als Leitsatz steuerlicher Rechtsprechung.

O, welche Lust, Soldat zu sein!

Nicht offenbar für den Kläger in der Sache, die das Finanzgericht Nürnberg am 15.12.1981 entschieden hat, und auch nicht für seinen Kameraden, der in etwa gleichliegender Sache vor das Finanzgericht Hamburg zog und dort am 22.1.1982 dem zuständigen Finanzamt unterlag. Beide hatten nicht unerhebliche Beträge aufgewendet (zwischen 10 000 und 12 000 DM), um ihren Wehrdienst abzuwenden oder zu verkürzen; die wollten sie als Werbungskosten anerkannt wissen. Die Finanzgerichte haben das aufgrund dem Sinne nach gleicher Erwägungen abgelehnt: Zwar werde, meinen sie, die berufliche Tätigkeit durch die Abwesenheit während des Wehrdienstes beeinträchtigt, doch berühre dieser auch die Sphäre des Privatlebens und zwar so, daß die sichere Trennung beider Bereiche nicht möglich sei. Im übrigen sei der Wehrdienst eine staatsbürgerliche Pflicht, die grundsätzlich zur Privatsphäre gehöre. – Beide Entscheidungen sind rechtskräftig.
Postscriptum: Die Kläger in den hier behandelten Fällen sind natürlich nicht etwa Bundesrepublikaner; diese können sich ja nicht vom Wehrdienst freikaufen, sondern haben mit den finanziell nicht zu Buch schlagenden Gewissensgründen zu argumentieren. Vielmehr handelt es sich bei den Kämpfern von Nürnberg und Ham-

burg um Gäste, hinten, weit aus der Türkei, die offenbar von Krieg und Kriegsgeschrei nicht mehr so viel halten wie ihre Ahnen, die den Zeitgenossen des Geheimrats Goethe den Gesprächsstoff lieferten, indem sie aufeinander schlugen; – jetzt lassen sich die Helden vom Unterricht im Umgang mit den Waffen dispensieren. Daß die Finanzgerichte die türkischen Gäste an die staatsbürgerliche Pflicht zum Wehrdienst erinnert haben, zeugt von Idealismus und entspricht deutscher Mentalität, dürfte aber kaum Einfluß auf die Betroffenen haben; wer für die Befreiung vom Soldatenleben dem Staat mit dessen Genehmigung etwas bezahlt, werden sie sagen, handelt staatsbürgerlich ebenso untadelig wie der, der seine Zeit abdient. Höchst verwerflich erscheint mir nur, daß die Helden von Nürnberg und Hamburg – Nichthelden wäre richtiger – die Bundesrepublik an den von ihnen geleisteten Freikaufbeträgen zu beteiligen trachteten. Es ist mißlungen, aber wie wäre, wenn die Gäste mit ihrer Absicht Erfolg gehabt hätten, der Beitrag der Bundesrepublik zu bezeichnen? Zuschuß zur Aufrüstung der Türkei – wenn diese die Freikaufbeträge zur Waffenproduktion einsetzt? Zuschuß zur Abrüstung – durch Verhinderung der Ausbildung von Soldaten? Wege zur Sicherung des Welfriedens durch steuerliche Behandlung der Gastarbeiter?

Vom Nutzen vertaner Urlaubszeit

Ein Mann betritt ein Café, setzt sich und bestellt bei dem Kellner ein Stück Torte. Als der zurückkommt, macht der Gast seine Bestellung rückgängig; es sei ihm plötzlich schlecht geworden, erklärt er, bitte also keine Torte, sondern einen Cognac. Den Cognac trinkt er, fühlt sich wieder wohl, steht auf und begibt sich zur Tür, der Kellner folgt ihm und reklamiert Zahlung. «Wofür?» fragt der Gast. Der Kellner: «Für den Cognac.» Der Gast: «Dafür habe ich Ihnen doch die Torte gegeben.» Der Kellner, schon leicht verwirrt: «Die haben Sie gar nicht bezahlt.» Der Gast, triumphierend: «Die habe ich ja auch nicht gegessen.»

Diese Geschichte aus uralten Zeiten, so prachtvoll unlogisch in ihrer vorgetäuschten Logik, fiel mir ein, als ich dem Urteil des Finanzgerichts München vom 10.7.1981 die Erwägungen des Klägers hinsichtlich der Behandlung «nutzlos aufgewendeter Urlaubszeit» als Werbungskosten entnahm. Die Worte «nutzlos aufgewendete Urlaubszeit» treffen in dem Münchener Fall nicht ins Schwarze; der Ausdruck mag aber stehen bleiben, weil weder dem Finanzgericht München noch mir eine bessere Bezeichnung für die Ausdehnung des Werbungskostenbegriffs auf den in Erholung oder anderer Freizeitgestaltung liegenden «ideellen Gehalt des Urlaubs» eingefallen ist. Der mit wenigen Worten zu umreißende Tatbestand läßt erkennen, was gemeint ist:

der Kläger benutzte, um ein öffentliches Amt zu erhalten, seinen (bezahlten) Urlaub zur Führung eines Wahlkampfes in eigener Sache; als Werbungskosten betrachtet er auch den «Geldwert des für den Wahlkampf aufgewendeten Erholungsurlaubs» – ein Entgelt dafür also, daß er (aufgrund eigenen Entschlusses), statt sich der Erholung zu widmen, wahlgekämpft hatte. Sein Wunsch, steuerlich so behandelt zu werden, als wäre ihm der vertane Urlaub in Wirklichkeit nicht bezahlt worden, deckt sich mit dem Versuch des Kaffeehausgastes, ein Stück fremde Torte durch Hin- und Hertransport zum eigenen Zahlungsmittel zu machen. Würde bei dem Wahlkämpfer in eigener Sache der Verzicht auf den «ideellen Gehalt des Erholungsurlaubs» als Werbungskostenbestandteil anerkannt, so gäbe es im deutschen Vaterlande bald nur noch «vertane Urlaube» mit vermindertem Erholungsgehalt; auch die Gründe, die zivilrechtlich, z.B. wegen mangelhafter Leistung gegen Reiseveranstalter, geltend gemacht werden können, würden steuerlich relevant werden, wobei die Entscheidung, ob einer seinen Urlaub mit Steuervorteil «nutzlos vertun» möchte oder nicht, ihm überlassen bliebe. Das wäre wahrhaft «Die schöne Welt».

Als die Scholastik in den meisten Ländern Europas ihren Glanz längst verloren hatte, gingen in Deutschland die höchst unfruchtbaren Diskurse und Disputationen um ihre angeblichen Probleme noch ziemlich lange weiter. Wird das deutsche Steuerrecht die hohe Schule einer neuen Scholastik werden? Es sieht so aus. Denn gegen das Urteil des Finanzgerichtes München vom 10.7.1981 hat der Kläger Nichtzulassungsbeschwerde eingelegt. Wir wollen eben alles von höchster Stelle erfahren.

Zwei Geschichten ohne und mit Moral

1. Der Handelsvertreter eines namhaften Industriebetriebs, erfolggekrönt, feiert das Jubiläum seiner 25jährigen Tätigkeit für das Unternehmen. Von diesem erhält er neben finanziell nicht zu Buch schlagenden Bekundungen des Wohlwollens einen goldenen Brillantring, 1,5 Karat, Anschaffungskosten DM 60 000,–. Der Betrieb, steuerlich unzureichend informiert, bucht den Betrag als abzugsfähige Betriebsausgabe. Die Buch- und Betriebsprüfung setzt ihn dem Gewinn zu. Steuerliche Belastung: mehr als 50 %. Der Jubilar, ebenfalls steuerlich mäßig unterrichtet, hat den Empfang für ein steuerfreies Geschenk gehalten; ihn belehrt sein Finanzamt anhand einer ihm zugegangenen Kontrollmitteilung über die Verpflichtung, die Anschaffungskosten des Jubiläumsgeschenks auch seinerseits zu versteuern. Steuerliche Belastung: ebenfalls mehr als 50 %. Vexierfrage an den Mathematiker: wer ist in Fällen dieser Art realiter der Empfänger eines Jubiläumsgeschenks, das einem Jubilar ausgehändigt wird?

2. Der Handelsvertreter eines namhaften Industriebetriebs, erfolggekrönt, feiert das Jubiläum seiner 25jährigen Tätigkeit für das Unternehmen nicht; vielmehr erklärt er sich auf Vorschlag seines Chefs mit einer Erhöhung seiner Bezüge einverstanden, die ihn für eine

gewisse Zeit eine angemessene Mehreinnahme erwarten läßt. Sie ist für das Werk Betriebsausgabe, für den Nicht-Jubilar steuerpflichtige Provisionseinnahme. Steuerliche Gesamtbelastung: jedenfalls mehr als 50 %, aber keinesfalls 100 %. Frage an den Sachverständigen in Moralfragen: Verletzt das Sittengesetz, wer als Jubilar sich wie ein Nicht-Jubilar verhält, um einen, der wirklich Nicht-Jubilar ist, soweit möglich daran zu hindern, die Rolle eines Jubilars zu spielen?

Ein eigenartiger Fall

Wer durch seinen Beruf gezwungen ist, sich geistig von Entscheidungen der Steuergerichte zu nähren, wird irgendwann einmal mit Verwunderung bemerken, daß es Fälle gibt, an denen nichts so interessant ist wie die Frage nach der Psyche dessen, der das Verfahren in Betrieb gesetzt hat. Was zum Beispiel ist von einem Manne zu halten, der seinen Antrag auf Lohnsteuerjahresausgleich nicht unterschreibt, sondern durch seinen Berater einen Zettel auf die für seine Unterschrift vorgesehene Stelle des Antragsvordrucks kleben läßt, diesen Zettel unterzeichnet und auf die zweimalige Aufforderung des Finanzamts, die Unterschrift auf dem Antrag selbst an Amtsstelle nachzuholen, nicht reagiert? Das Finanzgericht Berlin hat mit Urteil vom 10.3.1981 diesem Mann die Durchführung des Lohnsteuerjahresausgleichs 1979 verweigert; in einer Begründung, die zwei volle Seiten umfaßt, hat es dargetan, daß der Antragsteller, indem er den Antrag nicht ordnungsgemäß unterzeichnet habe, seiner Mitwirkungspflicht im Verfahren nicht nachgekommen sei und vermutlich (durch Fristüberschreitung) den Anspruch auf Durchführung des Lohnsteuerjahresausgleichs verloren habe. Doch gibt es noch Richter in München, und wer eine keine Wand scheuende Kopfsache so recht aus vollem Herzen zu betreiben entschlossen ist, der gibt nicht auf, sondern legt Revision ein. Der Mann aus Berlin hat es getan. Man wird also das Vergnügen haben, demnächst wieder von ihm zu lesen.

Die Kunst geht nach Brot

Dieser Satz des Malers Conti in Lessings «Emilia Galotti» ist nicht umkehrbar; keineswegs nämlich ist alles Kunst, was nach Brot geht. Aber manches ist Kunst, obwohl es nur nach Brot geht.

Als ich den Beschluß des Bundesfinanzhofs vom 14.8.1980 – IV R 9/77 las, fiel mir die Geschichte von dem Maler Turner ein, der, von einem englischen Gericht als Sachverständiger geladen, sich über den künstlerischen Wert eines Gemäldes äußern sollte. Nachdem Turner die erforderlichen Angaben zur Person gemacht hatte, fragte ihn der Richter: «Können Sie den Herren zu meinen Seiten» – dabei wies er auf die Beisitzer – «erklären, was Kunst ist?» Turner betrachtete die Herren der Reihe nach und sehr aufmerksam. Dann, sich dem Richter zuwendend, erwiderte er: «Nein».

Ich bin weit davon entfernt, das Urteil Turners über die Mitglieder eines englischen Strafgerichts auf die deutschen Finanzgerichte anzuwenden – wie könnte ich das? Die Schuld trägt der Gesetzgeber, indem er in § 18 Abs. 1 Nr. 1 EStG von künstlerischer Tätigkeit spricht, ohne zu sagen, was das ist. Die Kriterien des Künstlerischen waren ihm offenbar ein zu weites Feld.

Die Bilder, um die es sich in dem Beschluß des Bundesfinanzhofs vom 14.8.1980 handelt, von einem Ehepaar

sozusagen privatim erstellt, aber dennoch verkauft, sind, wie es im Leitsatz heißt, von der «Gutachterkommission einer Staatlichen Kunstakademie ... als künstlerisch

ohne Belang» gekennzeichnet. Dies aber hat der Bundesfinanzhof (wie das Finanzgericht) nicht für entscheidend gehalten, vielmehr hat er sich von Erwägungen leiten lassen, denen die «Turners» im bundesdeutschen Kunstbetrieb ihre Anerkennung versagen würden: daß nämlich das Finanzgericht nach eigener Besichtigung von zwanzig Bildern diese für vergleichbar mit Werken hält, die üblicherweise als «Gemälde» in Kunsthandlungen zu kaufen sind, daß ferner Laien die Bilder neben solchen anerkannter Künstler nicht wegen ihrer offensichtlich minderen Qualität herauszufinden vermögen, und daß schließlich aus den beim Verkauf der Gemälde erzielten Umsätzen sich die Resonanz eines größeren Käuferkreises auf das eheliche Bilderschaffen ergibt.
Das sind, wie der Kunstfreund sagen wird, Kriterien, die ebenfalls für alles gelten, was er Kitsch nennt – also trüge dessen Produktion mindestens steuerlich künstlerischen Charakter? Ja, aber der Bundesfinanzhof hat trotzdem recht; er ist nämlich mit seiner Entscheidung der tödlichen Gefahr aus dem Wege gegangen, mit Sachverständigen auf einem ihm fremden Gebiet in endlosen Streit zu geraten. Denn diese liegen ja noch untereinander in Fehde; keinem Experten würde Turner, lebte er heute, unwidersprochen erklären können, was Kunst ist. So sehr hat sich die Welt gewandelt.

Wozu nützt die gute Tat?

Jeder, darf man wohl annehmen, wird Achtung empfinden vor einem Lehrer, der in unserer Zeit blühender Abneigung gegen alle Arten des Leistungsdenkens zum Zweck der besseren Ausbildung seiner Schüler im Abiturfach Informatik auf eigene Kosten einen Elektronenrechner für nahezu 20 000,– DM anschafft – auf eigene Kosten deshalb, weil die Mittel der Schulbehörde für die Anschaffung des so nützlichen Geräts fehlten. Der Mann hat also dem Staat freundschaftlich unter die finanzschwachen Arme gegriffen, verhält sich zudem besonders gemeinnützig, insofern er seinen Rechner auch Kollegen zu leihen pflegt, die des Apparats zum Unterricht ihrer Schüler bedürfen. Man sollte annehmen, daß die res publica bei sotaner Sachlage dem unerwarteten Helfer nicht gerade einen Fackelzug darbringen, jedenfalls aber die Anschaffungskosten des Geräts als Werbungskosten anerkennen würde. Was sie ja sind; schließlich ist ein Elektronenrechner kein Arbeitsmittel, das das private Amusement zu bereichern in der Lage ist. Dem in 1978 in dieser Angelegenheit bemühten Finanzgericht hat das Finanzamt offenbar nicht alle Argumente, die durch Urteil vom 15.5.1981 der Bundesfinanzhof unendlich sorgfältig auszuräumen hatte, vorgetragen; die Entscheidung des Finanzgerichts ist daher ziemlich kurz, während das Urteil des Bundesfinanzhofs sich mit Ausführungen des Finanzamts befaßt, die in dem unbefangenen Leser den Eindruck erwecken, der Autor der Revisionsbegründung habe mit einem Höchstmaß von Akribie alles zusammengetragen, was nach seiner Meinung den Schluß herbeiführen mußte: «Dieses Rechners Anschaffung berührt nur die Lebensführung des Steuerpflichtigen, nicht aber seine berufliche Tätigkeit.» Mir kam, nachdem ich die Lektüre der viel Geduld bezeugenden Entscheidung des Bundesfinanzhofs beendet hatte, der Gedanke, daß das Finanzamt in seiner Revisionsbegründung einzig die folgende Frage nicht aufgegriffen hat: «Sollte man nicht annehmen dürfen, der betroffene Lehrer habe soviel Freude an seinem Beruf, daß dieser für ihn Liebhaberei im reinsten Sinne dieses Wortes darstelle, somit also in vollem Umfang als Bestandteil seiner Lebensführung betrachtet werden müsse?» Dann wären nämlich die Anschaffungskosten des Elektronenrechners in der Tat keine Werbungskosten, und der Mann erhielte für seinen unzeitgemäßen Leistungswillen sowie die unnatürliche Liebe zu seinem Beruf die gerechte Strafe. Die Frage, ob sein Gehalt bei dieser Betrachtungsweise noch in eine der Einkunftsarten nach § 2 EStG paßt, braucht heute nicht erörtert zu werden.

Der Unmut und die Streitbegier

Minima non curat praetor, aber die Finanzgerichte sind nicht so glücklich wie die Praetoren, denn in Deutschland glaubt man gern, daß noch in der kleinsten Streitfrage ein Grundsatzproblem versteckt sein könne, weshalb denn auch sie es verdiene, mit Eifer und Sorgfalt ventiliert zu werden. So entsteht die Überlastung der Gerichte mit der beklagenswerten Folge der Verzögerung von Entscheidungen. Einige Beispiele aus dem Beamtenleben:

1. Die Abordnung eines Beamten an eine andere Dienststelle, die üblicherweise der beabsichtigten Versetzung dorthin vorausgeht, begründet für den Beamten die regelmäßige Arbeitsstätte. Die täglichen Fahrten dorthin sind keine Dienstreisen.

2. Bei von vornherein auf kurze Zeit – im Streitfall rd. 4 Monate – befristeter Abordnung (ohne das Ziel der Versetzung) bleibt es bei der bisherigen Arbeitsstätte. Folge: die Fahrten zu der anderen Dienststelle sind Dienstreisen.

3. Abordnung für 2 Monate ohne Ziel der Versetzung, Fahrten zur vorübergehenden Dienststelle sind Dienstreisen.

4. Die Dienststelle, zu der der Beamte zunächst für 3 Monate abgeordnet wird, bei der er aber endgültig 4 1/2 Monate zu verbleiben hat, ist während der ersten 3 Monate nicht, während der letzten 1 1/2 Monate seine regelmäßige Arbeitsstätte. Folge: während der ersten 3 Monate macht er Dienstreisen, während der folgenden 1 1/2 Monate sind seine Fahrten solche von der Wohnung zu seiner Arbeitsstätte.

Der rechtlich so beachtliche, finanziell aber ziemlich belanglose Unterschied liegt in sämtlichen Fällen vor allem bei den Kilometer-Sätzen für die Benutzung des eigenen Pkw.
Ich bestreite nicht, daß es Naturen gibt, die sich an der Weisheit erfreuen, mit der hier Bagatellfragen akribisch geprüft und beantwortet werden; zahlreich dürften sie nicht sein, und Finanzrichter findet man in ihrem Kreis sicher nicht. Der Bundesfinanzhof ist vor Belanglosigkeiten durch den Mindest-Streitwert geschützt, beim Bundesverfassungsgericht gibt es die Ausschüsse, die über die Annahme von Rechtsmitteln entscheiden – sollte es in einer Zeit, in der sich kein Mensch mehr über die angebliche Ungerechtigkeit von Vereinfachungsregelungen, Pauschalierung usw. beklagt, unmöglich sein, Wege zur Entlastung der Finanzgerichte vom Nachdenken über finanziell allzu belanglose Fragen zu finden? Auch das Übermaß an Willen zur Gerechtigkeit ist unter Menschen eine tödliche Krankheit.

Was zuviel ist, sollte zuviel sein

Es gibt Meinungen, von denen der Autor, bevor er sie äußert, ahnt, daß ihnen mit Inbrunst widersprochen werden wird – nicht allgemein, aber von den Principiophilen. Die folgende Ansicht gehört dazu. Sei's drum.
In einem einzigen Monat, dem Juni 1981, erfährt der Leser steuerlicher Fachliteratur, daß die folgenden drei Fragen sich der Beurteilung durch die Finanzgerichte haben erfreuen dürfen:

1. Kann ein Raumteil, dessen Begrenzung nicht durch Wände, sondern durch eine Couch und ein Bücherregal dargestellt wird, als ein selbständiger Gebäudeteil angesehen werden, mit der Folge, daß dieser Torso, genutzt zur Arbeit eines Freiberuflers, das Recht erhält, sich an den Raumkosten (AfA, Zinsen, Reparaturaufwand) als Betriebsausgaben zu beteiligen? Er kann nicht.
2. Ist eine Klage im Sinne von § 47 Abs. 2 FGO beim Finanzamt «angebracht», wenn zwar der Briefumschlag an dieses, die in ihm enthaltene Klageschrift aber nur an das Finanzgericht adressiert ist? Sie ist. Der Bundesfinanzhof hat sich, «soweit ersichtlich», mit einem vergleichbaren Streitfall noch nicht befaßt; Nichtzulassungsbeschwerde ist eingelegt.

3. Ist eine von der Finanzbehörde zur schriftlichen Erteilung einer Auskunft ersuchte Bank wegen ihrer Aufwendung wie ein Zeuge zu entschädigen? Sie ist. Gefordert waren DM 42,–, anerkannt sind DM 34,–.

Wer mit Ernst überlegt, wieviel Geist angestrengt, wieviel Papier beschrieben werden mußte, um die erörterten Fragen trefflich zu lösen und die Lösungen zur allgemeinen Kenntnis zu bringen, der entdeckt plötzlich die Richtigkeit der nur scheinbar kontradiktorischen Behauptungen unserer öffentlichen Wohltäter: daß wir zwar zu viele Staatsdiener haben, aber leider nicht genug. Wenn zwei Bürger um einen Bagatellbetrag in Streit geraten, werden sie sich, wenn sie vernünftige Bürger sind, vergleichen. Sollte sich nicht unserer Kohlhaas-Natur zum Trotz die Möglichkeit finden lassen, Streitigkeiten zwischen dem Staat und seinen Bürgern um finanzielle Belanglosigkeiten so zu schlichten, daß die Kriegskosten den Wert der Beute nicht übersteigen? Notfalls unter Verzicht auf liebgewordene Prinzipien, die längst zu Sklaven Parkinsons geworden sind.

Inhaltsverzeichnis

Von Heinz Risse erschienen:

1948 Irrfahrer
1949 Das letzte Kapitel der Welt *(Neuauflage 1986)*
1950 Wenn die Erde bebt *(auch Holland, England, USA, Italien)*
1951 So frei von Schuld
Fledermäuse *(auch Japan)*
Schlangen in Genf
1952 Die Fackel des Prometheus
1953 Dann kam der Tag *(auch Holland)*
Belohne dich selbst *(auch England)*
Die Grille *(auch Japan)*
1954 Simson und die kleinen Leute
1955 Sören der Lump
Fördert die Kultur
1956 Große Fahrt und falsches Spiel *(auch Holland, Frankreich)*
Wuchernde Lianen
1957 Einer zuviel *(auch Polen)*
Gestein der Weisen
Paul Cézanne und Gottfried Benn
Die Stadt ohne Wurzeln
1958 Buchhalter Gottes *(auch England und Japan)*
1959 Die Insel der Seligen
1960 Die Schiffschaukel

1961 Über das Melancholische in der Kunst
1962 Fort geht's wie auf Samt *(auch Türkei, Ägypten, Jugoslawien)*
1963 Ringelreihen *(Neuauflage 1984)*
Feiner Unfug auf Staatskosten
1964 Public Relations
1967 Macht und Schicksal einer Leiche
1980 Skepsis ohne Trauerflor
1983 Berkeley und der Demiurg
1984 Der Diebstahl
1985 Familienfürsorge
Dreiunddreissig Seinesgleichen

Alle in diesem Band enthaltenen Glossen wurden vorabgedruckt in der Zeitschrift DER BETRIEBS-BERATER, Verlagsgesellschaft Recht und Wirtschaft mbH, Heidelberg, in der auch weiterhin in loser Folge Beiträge von Heinz Risse erscheinen.

Gifkendorf Nr. 3 bei Lüneburg
Satz: AbSatz Urban & Thiesfeld, Hoya
Druck: Wilhelm Carstens, Schneverdingen
Einband: Buchbinderei Böge, Celle
1. Auflage, 1986
ISBN 3 87536 1911